"自学·议论·引导"教学法

兰州实验区推广实践：教学成果集萃

ZIXUE YILUN YINDAO
JIAOXUEFA
LANZHOU SHIYANQU TUIGUANG SHIJIAN
JIAOXUE CHENGGUO JICUI

邵 正／主编

中国出版集团 现代出版社

图书在版编目（CIP）数据

"自学·议论·引导"教学法兰州实验区推广实践：教学成果集萃/ 邵正主编. -- 北京：现代出版社，2022.11

ISBN 978-7-5231-0066-0

Ⅰ．①自… Ⅱ．①邵… Ⅲ．①课堂教学－教学研究－初中 Ⅳ．①G632.421

中国版本图书馆 CIP 数据核字(2022)第 221811 号

"自学·议论·引导"教学法兰州实验区推广实践：教学成果集萃

主　　编	邵　正
责任编辑	李　昂
出版发行	现代出版社
通讯地址	北京安定门外安华里 504 号
邮政编码	100011
电　　话	010-64267325　010-64245264（兼传真）
网　　址	www.1980xd.com
印　　刷	北京建宏印刷有限公司
开　　本	787mm×1092mm　1/16
印　　张	14.25
字　　数	254 千字
版　　次	2022 年 11 月第 1 版　2023 年 1 月第 1 次印刷
书　　号	ISBN 978-7-5231-0066-0
定　　价	69.80 元

版权所有，翻印必究；未经许可，不得转载

编委会

主　编：邵　正

编　委：慕清泉　苗承恩　李虎善　王彦强　孔　雯
　　　　王沛贵　周　蕻　雒海忠　席兆军　张爱军

序

兰州市教育局2016年底引进了"自学·议论·引导"教学法，在兰州市148个初中学校逐步、分层开展实验推广，两年多时间过去了，他们边认识，边实验，边思考，边总结，使此教学法的实验推广工作取得了一定的成效。

"自学·议论·引导"既是教师的教学方法也是学生的学习方法。一方面，课堂教学中，教学法要求教师组织、允许学生自学并展开议论，同时教师要创设合适的情境，激发探究兴趣，让学生自主探究、生成知识，要求教师运用点拨、解惑、提示、释疑等方法相机引导学生。另一方面，教学法鼓励学生自学，倡导学生之间的议论、引导、启发，并鼓励学生说出思维过程，表达自己分析解决问题的过程和结果，教学的重点落在授学生以"渔"，始终强调学生学会学习。"相机引导"是对教师课堂实践能力的又一更高要求。

"自学·议论·引导"教学法的核心内容是学材再建构、学法三结合、学程重生成、学力有提升。在实验推广中，学材再建构是比较直观和容易模仿的内容，因此可以作为实验的主要抓手开展实践，让参与的教师结合校情、学情开展单元教学，开展学材再建构，把课本上分散的章节进行整合，结合学生实际情况尝试单元教学。学材再建构也不是一蹴而就，初学者总会有种感觉，完全模仿李老师的教学设计上课，课堂效果和李老师相差也非常之大。原因是多方面的，一是学生的认知度，二是教师的运用能力，三是课堂瞬息万变的情境等。因此，学材再建构要充分考虑多方面因素，特别是学生的认知能力，不同的生源就会有不同的建构，这就是学材建构千变万化的奥秘所在，这也是需要实践者不断探索的关键所在。

"自学·议论·引导"教学法对初中数学教师、学生、课堂都提出了更高的要求，兰州实验推广以来各初中学校也起了许多良好的变化。"自学""议论""引导"看似简单，但要较好地"结合"，非几年之功不可，要很好地"结合"，非几十年之功不可。因此，每一位"自学·议论·引导"教学法实践者都要有这样的心理认同，也要有这样的长远奋斗目标。有规则的自由课堂也正是我们数学课堂生态追求的目标。

兰州市教育局领导、分管处室领导对实验项目高度重视，主要领导亲自部署、经常深入学校督导工作，牵头学校积极组织，做好项目规划，各基地校校长、各县区教育局领导也高度重视，及时制订实施方案，召开启动会、推进会，分层落实项目实验计划，各实验校校长认真配合，积极参与实验。有的校长亲自参加片区基地校组织的推进会、通识培训、各类研讨活动等，全市营造了非常好的教学法实验氛围，"自学·议论·引导"教学法实验已在全市遍地开花。教学改革和其他建设一样，只有进行时，没有完成时，随着时代的发展，需要不断深入和完善，兰州实验区"自学·议论·引导"教学法的实验才刚刚起步，更是任重道远。我非常关注兰州市的实验，市教育局顶层设计的分层负责、全面推进的方案非常科学有效，各级领导对实验高度重视，数学老师对项目非常认同，我相信，在后期的实验中，兰州教育人一定会更加努力奔跑，让实验项目不断深入推进，让兰州的每所学校受益，让兰州的每个学生受益。

李庾南
2022 年 4 月 8 日

目 录 CONTENTS

不断提升学校的课程领导力和执行力
  ——李庾南教学法在教学中的实践与思考……………………… 邵　正（1）
"自学·议论·引导"教学法的推广中本土化问题的思考和实践 …… 张爱军（4）
农村初中学生数学自主学习能力培养的一些实用的方法和策略……… 冶成霞（7）
对"学材再建构"的认识与思考……………………………………… 李兴萍（10）
李庾南教学法"学材再建构"的实践研究…………………………… 党得时（13）
"自学·议论·引导"教学法中"议论"环节在初中数学课堂教学中的实施
  研究……………………………………………………………… 苗建军（15）
巧妙设计问题，提升初中数学课堂效率
  ——"自学·议论·引导"模式下的问题设计策略探究………… 党得时（18）
浅谈"自学·议论·引导"教学法在单元教学中的实践与应用……… 何永强（21）
"自学·议论·引导"下的分层教学课堂实践 ……………………… 史秀清（24）
"自学·议论·引导"教学模式在初中数学教学中的应用与研究 …… 贾　蕊（28）
学习李庾南老师"自学·议论·引导"教学法自我领悟……………… 王立琴（31）
浅谈数学教学中应用李庾南教学中的"学材再建构"……………… 梁　艳（35）
初中数学课堂教学中教师引导策略思考……………………………… 李维荣（38）
初中数学教师课堂教学中有效引导策略的研究……………………… 谢迎春（41）
"自学·议论·引导"教育理念下的前置 ……………………………… 夏　璇（45）
浅析"自学·议论·引导"教学法在初中数学教学中的应用………… 杨重泽（48）
"自学·议论·引导"教学法在初中数学教学中的实践研究 ………… 魏参林（51）
"自学·议论·引导"教学法在初中数学教学中的应用策略 ………… 吴　芳（54）
探究初中数学"学材再建构"的实施策略和原则…………………… 张　丽（57）
初中数学课堂中学生自学能力的培养
  ——"自学·议论·引导"教学法的应用…………………………… 赵海平（61）
"自学·议论·引导"教学法下初中生学力培养的策略研究 ………… 霍庭芸（64）

探索教改前沿，促进融合发展
　　——智慧课堂与"自学·议论·引导"教学方法相融合的实践探究
　　……………………………………………………………… 苗承恩（69）
浅谈"自学·议论·引导"教学法与小组合作教学法的融合………… 杨　磊（73）
导向教学法在初中数学教学中的应用……………………………… 王　晶（76）
智慧课堂＋李庚南教学法提升数学教学效率……………………… 王　玮（80）
学习李庚南"自学·议论·引导"教学法后对"自学"部分的反思………
　　…………………………………………………………………… 王克奋（83）
"自学·议论·引导"教学中学生思维的激发与引导 ……………… 颜未霖（86）
"自学·议论·引导"教学法对初中数学教学影响 ………………… 许秀麟（89）
"自学·议论·引导"教学法的实践探究 …………………………… 张爱民（92）
"自学·议论·引导"教学法与核心素养的培养策略
　　——学习李庚南老师教学法的点滴尝试…………………… 潘兴文（95）
追求有规则的自由课堂
　　——基于"自学·议论·引导"教学法的教学探究………… 王丽萍（98）
整体把握，单元整合，学材建构…………………………………… 魏源（104）
"自学·议论·引导"教学法实验研修心得体会 ………………… 王晋亮（108）
初中数学教学中"自学·议论·引导"教学法的课堂探究……… 高天举（111）
发挥"自学·议论·引导"教学法优势　培养思维能力　提高综合素质 …………
　　…………………………………………………………………… 庞　静（114）
随物赋形之巧　不着痕迹之妙
　　——有感于李庚南的"自学·讨论·引导"教学法………… 万海琴（118）
"自学·议论·引导"教学法结构分析研究 ……………………… 张东年（123）
中学道德与法治课堂"自学·议论·引导"教学法初探………… 滕淑玲（133）
"自学·议论·引导"的课堂教学追求
　　——有规则的自由………………………………………… 姚代霞（136）
"自学·议论·引导"教学法对提升初中生数学素养的实践研究 … 申晓君（140）
浅谈初中数学课堂"问题串"设计的实践与思考………………… 梁雅雯（143）
基于核心素养下初中数学课堂教学的几点思考………………… 贠海仁（146）
"自学·议论·引导"教学法在初中语文阅读教学中的实践探究 …… 姚正贤（149）
初中语文"自学·议论·引导"教学法的运用分析……………… 彭斌芳（152）

基于"自学·议论·引导"教学法中"提问式"引导策略的初中数学教学
　　研究 ··· 张　锐（155）
初中数学"学材再建构"的实践策略研究 ······················· 乔国栋（158）
试论"自学·议论·引导"教学法在数学教学中的实践 ········· 张　锐（161）
运用李庾南"自学·议论·引导"教学法提高历史课堂教学的实效性
　　 ··· 张虎德（164）
爱生如子　做最美课堂的缔造者
　　——李庾南老师的教育情怀 ·································· 王　涛（168）
读《自学·议论·引导教学论》有感 ······························ 董青青（171）
"自学·议论·引导"教学法在初中数学教学中的应用研究 ····· 王菊花（173）
数学素养和课堂引导 ·· 李惠娟（175）
践行"自学·议论·引导"提升教育品质 ························· 缑治国（178）
用"自学·议论·引导"教学法打造初中英语高效课堂 ·········· 王　璟（182）
践行"自学·议论·引导"教学模式对我校教育教学的有效促进作用
　　 ··· 张小伟（187）
融合　发展　构建高效课堂
　　——"自学·议论·引导"教学法在"导学自主高效课堂"的应用研究
　　 ··· 王彦强（191）
"自学·议论·引导"教学法的推广中本土化问题浅谈 ·········· 吴晓英（195）
李庾南"自学·议论·引导"教学法的基本原理与操作要义 ····· 张瑞云（199）
"自学·议论·引导"教学法在初二数学复习教学中的应用 ····· 火高上（202）
初中数学自主学习模式的构建 ··································· 赵勇贤（204）
浅谈"自学·议论·引导"为主的课堂教学 ······················ 李玉红（208）
《焦耳定律》教学实践的思考 ···································· 牛小明（211）

后　记 ··· （216）

不断提升学校的课程领导力和执行力
——李庾南教学法在教学中的实践与思考

兰州市第四十九中学　邵　正

"自学·议论·引导"教学法是全国知名的教育品牌，是全国知名教育家李庾南老师近40年教改实验总结出来的初中数学教学方法（以下简称李庾南教学法）。李庾南教学法有三句凝练的话，"学材再建构，学法三结合，学程重生成"。通俗地说，就是在教学内容上，结合学情，重组教材内容，实行单元教学；在教学形式上，采用个人自学、小组和群体议论、教师相机引导；在教学过程中，不做预设，重视学生自己知识和能力的生成。换句话说，就是根据学生实际情况，改变教学内容的知识结构，采取"自学·议论·引导"相结合的教学方法，重点培养学生的学习力。

另外，李庾南教学法对初中数学日常教学有非常强的指导性和操作性，其一，教学法突出了学生在学习中的主体地位，在学习过程中始终注重学生主观能动性的发挥。其二，教学法在引导帮助学生形成数学思想、逻辑思维方面作用显著。其三，教学法在培养学生的学习兴趣、学习能力、科学精神、创新思维等素养方面十分有效。总的来讲，李庾南教学法在培养学生核心素养方面有用有力、效果显著。显然，教学法对学校教育教学有很强的普适意义。

2016年12月兰州市教育局在全市初中学校开启了李庾南"自学·议论·引导"教学法试点工作，确定了1所牵头学校，25所试点学校进行教改的探索和实践，在市教育局的领导下，先后开展了理论学习、通识培训、教学实践、专题研讨、成果展示等工作，经过一年多的探索、实践和总结，试点工作取得了比较显著的成绩。当前，试点工作还在持续推进中，但也出现了一些问题和困难。如何进行学材再建构，实施单元教学成为最突出的困难，这就必须谈谈学校课程领导力和执行力问题。也就是校长的课程领导力，教师的课程执行力。

一、校长的课程领导力

一般来说，校长通过对学校发展规划、组织变革、文化培育、质量掌控、队伍培养、德育引导、课程建设来实现对学校的领导，在这些方面校长的领导力决定了学校的发展力。校长的课程领导力主要体现是落实"国家、地方、校本"三级课程体系，重点是落实国家课程和地方课程，难点是对校本课程的开发、实施、评价、管理。校长课程领导力还体现在推动课程实验、课程改革、课程评价、改变课堂生态等方面，校长课程领导力越强，推动学校教师在课改实验方面的力度就越大，激发学校师生发展活力的能力也就越强。

二、教师的课程执行力

教育大计，教师为本，教师是学校"国家、地方、校本"三级课程体系的具体执行者，教师课程执行力直接决定了学校教学水平的高低和教学质量的好坏，从常规教学来看，教师依靠课标、课本，通过备课、书写教案、课堂教学、学生作业、考试反馈这些环节来完成对课程的执行。但是教师往往忽视了课程实验、改善和评价，忽视了坚持改善课堂生态，从而激发学生学习兴趣，培养学生能力。这些之所以忽视的原因有教师的主观惰性，有学校领导者、管理者的因循守旧，也有学校教育教学的现行惯例。换句话说，教师不愿主动参与教研和教改实验，校长没有魄力领导推动教研和教改实验。

三、李庾南教学法对课程领导力、执行力的显著价值

李庾南教学法是经过长期教学实践，并且已被证明行之有效的初中数学教学方法。通过兰州实验区一年多的试点实验，能够看到，课程领导力强的校长，课程执行力强的教师，在教学法实验、课堂改善方面走得就快，反之则慢。进行教改实验，推广新的教学方法，改变原有的教学管理、评价方式，本身就是对校长课程领导力和教师课程执行力的考验和检验。李庾南教学法对教师课程执行力的要求更加突出。

第一，重新建构课程资源的能力。从教学法来说最主要的，对教师来说最难的，就是学材再建构，实施单元教学。一般来说教师必须工作 6 年以上，带过初中两轮课，对课标深刻理解，对教材了然于胸，对知识点、知识脉络把得很清楚，而且对学情、作业、考试评价都要非常熟悉，只有这样才能比较好地做到学材再建构。

第二，重视教师自身的学习能力。李庾南教学法不仅强调学生的自学，也重视教师的自学，强调教师要通过教学实践不断自我学习反思，总结更加多样的问题解决方式，考虑更多可能的学程生成，这样才能打破教学"预设"，在运用"学法三结

合"来组织教学的时候才会得心应手，教师"相机引导"的能力才能提升。如果教师习惯于依靠教辅资料教学，自身的学习和思考就少，那么，就很难实现学法、教法的有效运用。

第三，突出教师的课堂实践能力。李庾南教学法倡导在课堂教学中以学生为主体的议论，有议论就会有不同的意见，这些意见就是实际的学情，教师收集议论中各方面的意见，为学材再建构提供参考依据，反过来对提升教学将产生更积极的作用。李庾南教学法还强调教师课堂中的"相机引导"，教师见机行事的引导，帮助学生对问题的具体思考，逐步培养学生的逻辑思维和独立思考能力。"相机引导"是对教师课堂实践能力的又一更高要求。

从目前和长远来看，要将李庾南"自学·议论·引导"教学法从"试点实验—总结提升—局部推广—全面推行—各学科推行"，就必须不断提升校长的课程领导力，不断提升教师的课程执行力。

四、对李庾南教学法"学材再建构"的思考

李庾南教学法有丰富的理论支撑，更有扎实、艰苦、漫长的，充满智慧的探索实验过程，更有厚重的成果积累。如果说"学法三结合，学程重生成"是"表"，那么，学材再建构就是"里"，要做到表里如一，完美地实现教和学，关键点、难点、突破点就是"学材再建构"。换句话说，"学法三结合，学程重生成"是外延，"学材再建构"就是内涵，我们的实验探索要由表及里，要从外延进入内涵。

任何基于实践的科学研究、学术研究、教学研究都不是空泛、抽象的，一定是具体、实在，可以触摸的，绝不可"以其昏昏，使人昭昭"。而且，要想取得成绩，决不能浅尝辄止、蜻蜓点水，要有吃苦和坚持的精神。

从目前试点工作推进的情况看，经过通识培训、观摩学习、总结提炼，显然，取得了成果和成效，但是，这些成果和成效还在"表"上，在外延上，还没有及"里"，没有到"内涵"，至少不多。李庾南教学法倡导的"学材再建构"是教师对学材的独立再建构，学生对学材的独立再建构，师生共同对学材的再建构。建构首先是教师，其次是学生，最后是师生共同，可见，教师对学材的独立建构是教学法的起点，没有这个起点，过程、目标显然不可能存在。我们现在已经有一些"学材再建构"，只是个体化、临时性、碎片化地建构学材，教师个体建构信心不足，临时建构则仓促应付，碎片化建构肯定没有系统性。

"自学·议论·引导"教学法的推广中本土化问题的思考和实践[①]

兰州市第四十九中学 张爱军

一、李庾南"自学·议论·引导"教学法的简介

近日,由中国教育学会等6家单位联合开展当代教育名家评选活动,最终推选出90位当代教育名家,李庾南老师赫然名列其中。李庾南,女,1939年出生,江苏省南通市人,全国著名特级教师,江苏省首批名师,中学荣誉教授,享受国务院政府特殊津贴专家。主持创立了享誉全国的"自学·议论·引导"教学法,对于此教学法进行了39年实践验证和推广实验,于2010年荣获首届江苏省基础教育教学成果特等奖、教育部基础教育课程改革教学研究成果一等奖。"自学·议论·引导"教学法的核心包括三个方面。一是独立自学,二是群体议论,三是相机引导。实施过程概括为"三学"课堂,即"学材再构建、学法三结合、学程重生成"。

二、教学法在具体实施中的思考和实践

一个已经被无数成果证明了的好的教学方法,在推广过程中会不会存在"南橘北枳""水土不服"的问题呢?实际上,这个教学方法的思想符合国际先进的教学改革理念。在我校的实施过程中,也存在着许多问题,解决这些问题,才能让一个优质的教育品牌发挥作用,产生效益。

(一)结合本校学情,进行学材再构建。

我校的课堂教学模式为"125一模多样"课堂,以教师编制的《课堂自主学习

[①] 本文为2017年度甘肃省教育科学"十三五"规划课题《李庾南"自学·议论·引导"教学法在兰州市第四十九中学的实践研究》相关成果论文,批准号GS〔2017〕GHB0858。

单》为主要教学材料，课堂上开展"导、学、展、点、练"五环节教学，学校数学学科使用北师大版教材，与李庚南实验总校江苏南通启秀中学所使用人教版教材差异比较大，要进行学材再构建，没有现成的可以借鉴的东西。根据教学法要求，学校变革以往的以单个课题为单位的教学设计，改为单元设计。通过学情分析会，深入学习教学法的相关理论，研究本校学生知识基础和能力现状，进行单元的整合。结合本校学生多数学习自觉性不高，学习基础和能力较为平庸等现实，来进行教学改革。

（二）深入学习教学法核心，改革课堂教学

教学法的具体实施，关键在于落实到课堂上。从全市、片区、学校三个层面落实和开展教学法改革活动。从全市层面看，全市范围内公开课展示交流活动，分成四个片区进行，全市进行了25节公开课，并推出8节示范课进行示范推广。从片区层面看，推进片区公开课和片区大教研活动，以我校为主要活动组织单位，各个学校推荐在教学法改革中比较突出的教师和课堂，在整个片区内进行展示，通过集体大教研评课进行推广。从学校层面看，各试点学校广泛开展校内自评课，并邀请教科所专家听课点拨，找出合适的教学方法，从而将教学法和本校原有的高效课堂模式有机地结合，使之成功落地生根。

（三）制订整体规划，完善工作机制

为了确保教学法顺利实施，学校建立了两个层面的工作机制，一个是建立试点学校工作协调机制，召开联席会议多次，研究学习和推广问题，建立了微信群和QQ群，积极督促各项活动；二是建立研修与推广机制，由我校牵头，定期编印"自学·议论·引导"教学法试点简报。

（四）以各项活动为载体，扎实推进，稳步实施

兰州市第四十九中落实八项活动，推进教学法实施。一是落实课堂教学。邀请李庚南老师亲临现场授课，并做讲座，全市进行教师培训。二是落实专家进校指导。专家组专家进入各试点学校进行指导。三是落实全市范围内李庚南教学法公开课研讨活动。四是落实省市级规划课题、个人课题。五是落实各试点学校工作简报。六是落实全市开展课例研究集结成册。七是积极参与李庚南班主任工作教育艺术研讨会和李庚南"自学·议论·引导"教学法第二期全国研修活动。八是积极探索并建立"李庚南班"。

经过一年的学习和推广，各个试点学校尤其是牵头学校做了大量的工作，逐渐认识了教学法的核心和精髓，也从实践中摸索了一些经验，初步尝到了一个优质的教育品牌对于学校带来的丰厚的绩效成果，教育改革永不停息，探索高效课堂永远在路上。

农村初中学生数学自主学习能力培养的一些实用的方法和策略

永登县第七中学 冶成霞

受到新课改理念的影响，初中数学教学开始全面推广以学生为本的教学理念，注重在课堂教学中培育学生自主研究和分析的学习能力。由此，在课堂教学中，农村初中数学教师要调动学生学习的热情，结合初中数学课本知识，了解学生学习的水平，选择科学的方案，优化学生的自主学习能力。下面主要以三个方面来研究培育学生自主学习能力的方法。

一、调动学生学习的兴趣，培育学生自主学习的动力

兴趣是学生学习最大的动力。在初中数学教学中，学生若是产生兴趣，就会自主学习，积极参与到教师组织的各项活动中，进而培养学生自主学习的能力。由此可知，兴趣是培育学生自主学习能力的基础。

因为数学知识具备抽象性，学生在学习时很容易遇到困难，进而影响学习兴趣，因此在教学时，教师要关注数学的理念、问题以及实际情况，强化实践训练，将数学知识与现实生活整合到一起，激发学生学习的积极性。同时，因为农村区域具备自然优势，所以教师更要引用生活案例来调动学生学习的积极性。例如，教帅在引导学生学习北师大版七年级数学下册《3.1 认识三角形》时，可以选择学生生活中常见的事物作为教学引导实施教学。如三角形的道路交通标志等。教师通过现实物体将抽象化的数学知识变得更加具体，有助于学生进行联想，进而对数学知识的学习产生兴趣。同时，教师在设计数学问题时，也可以选用生活中的场景作为依据进行叙述，以此调动学生研究的兴趣。

二、提升学生自我效能感，培育学生自主学习的信心

自我效能感强的学生学习动力足，对自己的能力充满信心，可以自主参与到教师设计的各项教学活动中，大量问题都可以迎刃而解。反之，自我效能感过低的学生对自己的学习能力信心不充裕，若是遇到问题，很容易产生放弃的心理，不愿通过坚持或提出解决方案来面对现存问题，更不用说具备自主学习的积极性。农村区域学生在成长中受到周边环境的影响，很容易产生学习不重要的想法，所以教师要正确认识这一问题，设计科学的教学方案，增强学生的自我效能感，以此为培育学生自主学习能力奠定基础。

很多学习成绩低的学生，自我效能感都低，这样很容易让学生产生强烈的自卑感，不但体验失败的次数很少，而且获取成功的次数也非常少。由此，教师在课堂教学中，要为这部分学生提供展示自己的平台，调动学生参与的积极性，促使其可以在其中获得成功的喜悦。如，教师在引导学生学习北师大版七年级数学下册《基本平面图形》时，可以向学生提出简单的问题，如"线段、射线、直线等内容的定义与特点""角的定义与特点""多边形的定义与特点"等，这些内容学生通过翻阅课本都可以直接获取，所以学生在答出问题后，要提出表扬，如"你回答得非常正确，请坐""你表达得非常明确，老师相信你能继续努力"等。学生在接受教师鼓励的同时，也会对自己产生信心，进而产生学习的动力，参与到其他方面的教学活动中，并在最终获取成功。而在设计课堂作业时，教师可以通过分层次的方式，为基础差的学生设计一些简单的问题，为基础好的学生设计有难度的问题，这样确保全班学生都可以在课堂教学和课后训练中提升自己，并产生自主学习的意识，这对培育学生自主学习能力而言至关重要。

三、整改传统教学形式，培育学生自主学习的习惯

以培育学生自主学习能力为基础的教学形式，一定要全面落实以生为本的教学理念，突破传统意义上课堂教学形式的约束，让学生拥有自主探索的平台和机遇，教师只需要在一旁指导，也许最终的结果达不到预期的效果，但过程才是最重要的，是培育学生自主学习能力的根本。若是每一次教师都为学生的问题提供答案，他们就会产生依赖感，在遇到相似问题时只会照葫芦画瓢，难以实现培育学生自主学习能力的教学目标。

例如，教师在学习北师大版九年级数学上册第五章《投影与视图》时，传统意义上的教学方式是通过让学生自主阅读后，直接向其灌输相关理论知识，但在新课改背景下，教师可以突破传统教学方式的约束，引用案例集中学生课堂注意力。如选择街道上的路灯作为基准点，有两个人分别站在路灯有影子的一侧，观察研究三者的影子有什么特点，若是改变路灯的位置，影子会有什么变化。学生在观察中发现，物体离光源越远，影子越长，这就是投影的特点。这种教学形式，不但可以集中学生的注意力，而且有助于激发学生自主学习和研究的兴趣，为接下来的教学工作奠定基础。

结语

综上所述，在农村初中数学教学中，教师要以学生的学习能力为基础设计教学内容，结合以生为本的教学理念构建教学活动，创造自由、平等以及丰富的学习氛围，调动学生自主学习的积极性，并产生自主研究与分析的意识和习惯，以此优化学生的数学自主学习能力。

对"学材再建构"的认识与思考

兰州市第四十九中学　李兴萍

当今的数学教师，基本都以单课单教的碎片化教学为主，这样不利于学生对知识的整体掌握，且容易遗忘。为实现学生的全面发展，落实学生的主体地位，让学生学会用数学的眼光看待和审视世界，从"教材是学生的世界"走向"世界是学生的教材"，就要做好"学材再建构"。

一、"学材再建构"的意义

1. 进行"学材再建构"，有利于教师更好地整体把握教材，解读教材，使师生的教学活动更具统一性和生动性，能促进学生综合学力的发展，实现学习效益的最大化。

2. 进行"学材再建构"，有利于打破单个知识点之间的界限，将原来的碎片化知识串成串，在学生的面前呈现出一片森林。它更注重让学生厘清知识点之间的关系，便于学生形成更加完整的知识体系、牢固的知识结构。

二、"学材再建构"的原则

进行"学材再建构"要以课标为基准，教科书为参照，学情为依据，使重新建构的学材源于教材，高于教材。

1. 以课标为基准。课程标准是学科教学的纲领性文件。如七年级数学下册第四章《三角形》教学目标的确定，我们可以从课程标准出发思考它在整个几何教学中的地位和章节内部各部分知识之间的内在联系制定教学目标。考虑到《三角形》是学生接触到的第一个封闭几何图形，制定目标时就要注意研究几何图形的一般方法：概念—性质—判定—应用。

2. 以教科书为参照。进行学材再建构时一定要吃透教材，了解各个知识点之间的逻辑关系，知道知识的来龙去脉，所用例题尽可能选择教科书上的原有例题。如：《锐角三角函数》中，"正弦"是指直角三角形中一个锐角的对边与斜边的比值的函数；之所以称为"正弦"是因为斜边在直角三角形中称为"弦"，对边又是锐角正对的边，所以叫作"正弦"；它由特殊角的对边与斜边的比值先观察得出，再由相似三角形的性质证明得来等。

3. 以学情为依据。进行"学材再建构"时要做到知己、知彼、懂教材。知己是对自己的认知；知彼、懂教材，是了解学生思维发展的规律、学生的认知水平。例如："特殊的平行四边形"第一课时的建构，可以有如下多种方式：（1）菱形、矩形、正方形这三种图形的定义和它们性质的探索与证明建构；（2）菱形、矩形、正方形这三种图形的定义和菱形性质的探索与证明建构；（3）菱形的定义、性质的探索与证明以及判定的探索与证明建构；（4）菱形、矩形、正方形这三种图形的定义和它们性质的探索建构到一起，性质的证明先留给学生课后探究，第二课时再进一步证明、应用等。每位老师一定要选择最适合学情的一种，我本人选择第四种。

三、"学材再建构"的实施方法

"学材再建构"的主要表现形式是"单元教学"。在实施的过程中，根据学生的认知水平，可以对现在使用的数学教材先进行整体框架建构，再建立有关本单元的知识结构，最后深入研究具体的单个知识点。

1. 单元的建构方式

（1）一个单元可以是几章合成的一个模块。如北师大版八年级数学下册第六章"平行四边形"与九年级上册第一章"特殊的平行四边形"可合成一个《平行四边形》单元。建构后分为平行四边形的性质、平行四边形的判定、菱形的性质与判定、矩形的性质与判定、正方形的性质与判定、三角形的中位线、多边形的内角和与外角和七个小单元教学。

（2）一个单元可以是一章。如"因式分解"一章就可作为一个单元。

（3）一个单元可以由一章内的几节合成。如七年级数学上册第四章"平面图形及其位置关系"中，可以将"线段、射线、直线"与"比较线段的长短"建构成一个《线段、射线、直线》单元等。

（4）一个单元可以是一章内的一节。如"平行四边形"一章中"平行四边形的判定"一节，可作为一个单元。联系不紧密的内容可以不进行建构，如："三角形的中位线"一节。

总之，单元的建构要体现学习的完整性、层次性，它可大可小。建构时，适合的重建，不适合的不勉为其难。

2. 单元教学设计的具体实施

当前的初中数学，大多走的是"先分后总"的归纳之路。而单元教学设计是从一个整体的角度去把握教学。平时一节课的教学设计是指利用一个课时就能完成的，而单元教学设计一般需要多课时完成。如对"平行四边形的判定"进行单元教学设计需要两课时完成，第一课时先建构平行四边形的所有判定定理；第二课时再让学生进行独立练习，引导学生举一反三，熟悉定理，达到能力的综合提升。

总的来说，单元教学设计展现出来的学材再建构，体现了整体、系统的思想，可以帮助师生形成本单元的知识链条和结构体系，对课时教学设计具有指导作用。

李庾南教学法"学材再建构"的实践研究

兰州市第四十九中学 党得时

  李庾南教学法提倡"以学生为主体"的理念与新课程提倡的"学生主体性"理念相一致，且也提倡重视教育者结合学生特点、学科特点对教学资源进行精心设计，以便更好地实现教育目标，提高教学质量。很多学科，如语文、英语、数学、音乐、思想与生活在教学时都应用了李庾南教学法，且在提升教学质量方面取得了显著的成效。尤其在初中数学课的教学中效果尤为突出，就此教学中提到的学材结构，说一下个人体会。

  首先，在教学前教师就要明确教学目标，只有在明确了教学目标后引入的故事或提出的问题才是具有一定指向性的，与教学目标相一致的。其次，在教学时要遵循"最近发展区"，要在了解学生原有知识结构的基础之上选择创设情境，只有包含的内容具有一定的梯度，才能够真正作为桥梁帮助学生把已知和未知的事物连接起来，促进学生的思维的优化发展。作为教师，尽可能不要用相同的标准束缚学生，让学生自己从不同角度去寻求答案。将李庾南教学法应用于初中数学课的教学中有利于更好地促进教学目标的达成，提高数学教学质量，发展学生数学素养，为其终身发展做准备。情境创设作为优化教学的一种手段，能帮助激发受教育者学习的主动性，促发受教育者积极的思维，在浓厚的学习兴趣、积极思维指引下学生可以主动探究、解决问题，经历完整的知识构建形成过程，而且在这个主动构建知识的过程中，还能借由这些过程帮助学生发展诸多能力，如动手操作能力、表达能力、人际交往能力、合作能力等。根据教学目标的不同，创设教学情境的方式也有很多，而且教学工作本身就是一门创造性的艺术，教师可以结合教学需要、学生发展的需要灵活选择、运用情境创设类型，既可以单一针对性使用，也可以综合多种类型一块使用，只要是有助于学生发展、实现教学目标的，教师都可以根据实际需求情况加以创造性合理利用。在初中数学课的教学中创设情境时，一定要依托教材内容，紧扣教学内容，避免创设无意义的教学情境。同时教师在设计情境时，应当认真研读课标，分析教材，明确教学任务。虽说我们倡导以"学生为主体"的学习观，但这并不意味着让学生没有方向地发展，初中生有其认知方式的局限性，俗话说"兴趣是最好的老师"，有了兴趣就会产生探究的学习欲望，有了欲望就会产生不断的执着追求。捷克教育家夸美纽斯曾经说过："应该用一切可能的方式把孩子们的求知欲和求学的欲望激发起来。"根据初中生身心发展特点，对他们的教学更是应该首先激发他们的探究欲望、求知欲望。为此，在将情境教学法应用到初中数学课堂时，教师尤其要在创设课堂教学情境时遵循诱发性原则，即在学生原有认知结构基础之上激发学生的学习兴趣，调动他们积极的学习情感，并且借助情境将教学内容呈现为能引起认知冲突的手段，为他们的思维制造障碍，让学生亲历探究的过程，感受知识的形成过程，从而培养学生解决问题的思维过程，为其终身发展做准备。

一切教学法的使用都是为了学生更好地发展，检验教学法应用效果的主要指标即是学生的发展反馈。检验李庾南教学法的运用效果也是如此。因此，教师创设情境时应充分考虑学生的认知水平，熟知各个阶段的学生获得信息、处理加工信息、转化信息及信息应用等水平和能力，在这些基础之上，将创设情境作为桥梁转而到达新知识结构的彼岸。这也正如维果茨基所说的"最近发展区"，学生原有的知识经验水平与在他人帮助下可达到的知识经验水平就是教师要充分利用的区域，李庾南教学法就是针对发展这一区域提出的教学方法，李庾南教学法指向性符合教学目标，符合学生认知结构，水平高度稍高于学生已有的水平，但是只要学生经过一定的思考探究或教师稍加引导，经过"同化"和"顺应"便能建构到新的知识体系中来。总之，情境创设是要力求在教学过程中学生的思维和知识都能有新的跨度发展。

"自学·议论·引导"教学法中"议论"环节在初中数学课堂教学中的实施研究

兰州市第四十九中学　苗建军

李庾南老师提出的"自学·议论·引导"教学法让我们明确了中学数学教学的基本任务不只是"授之以鱼",而是要"授之以渔"。在她的教学环节中,"议论"是枢纽,贯穿教学的整个过程,这种"议论"是让学生与学生之间、学生与老师之间开展小组或全班的交流讨论,它是合作学习的一种形式。教师通过议论形式推动合作学习,同学们在小组的交流中能够取长补短,进行思维碰撞,深化对课堂知识点的理解。这样一来我们的课堂教学就革除了教学中信息单向传输的弊端,突破了师生双边活动的局限,建立了多向的交流模式。

一、教师要重视议论在数学教学中的重要地位

议论可以培养学生的思维能力,刺激和激发学生的智力,改变传统的"老师讲,学生听"的单向信息传递形式,形成师生之间的双向交流和学生之间的横向交流。同学们在课堂学习中对知识点总会有不同的见解,讨论可以开阔他们的思路,发展思维,培养能力,进一步调动他们学习的主动性和积极性,使他们各抒己见,相互交流,明辨是非,以求得出正确的结论或让人信服的理由。讨论可以让从前那种"死气沉沉"的数学课堂充满激情和活力,使学生们在生动活泼的氛围中消化知识。由此就需要我们教师改变传统的教学模式,引导改变学生的学习观,让学生积极参与课堂讨论,增强生生、师生之间的合作学习意识。

二、教师要有效地设计"议论"环节中的问题

"议论"环节是落实"自学·议论·引导"教学法的重要抓手,教师应该在教学前对所带学生的整体学情有一个客观认真的分析,切不可一味追求深度而超越学生

现有的认知高度。每节课应该有一个议论的中心，教师应该紧紧围绕这个中心设计问题去议论。具体在操作过程中大致应该注意以下几点：

1. 既然是议论就要让学生有话可说，问题难度不宜过高，尤其是课程前期的几个问题更不能超过学生现有的认知水平，随着课程的深入再去慢慢增加难度，这样才能让学生向广度去发散，向深度去挖掘。整个教学过程的议论点要始终确保后面的问题是建立在前边问题基础之上的。

2. 议论的问题最好具有"生活性"。从初中生的心理特点来看，他们有很强的好奇心，而数学知识又源于生活、服务于生活，它是处理日常生活中我们遇见问题的必要工具。因此，教师在问题的设计上要充分选取能联系生活实际的问题。这样，能有效地激发学生们的好奇心和探究欲望，把议论环节搞得生龙活虎。

3. 数学问题情景的设计一定要新颖。如果问题过于简单，学生早有心理准备，不能打破他们的心理预期的话，那么就较难激活学生的思维。所以，教师设计的问题既能和原有知识联系起来，又让学生在解决时有种力不从心的不平衡感。由此，靠这类"新""奇"的问题情境去有效地激发学生的求知欲望，让他们在议论中合作学习，始终挂在嘴边的是："你怎么算？""我怎么算？""该怎么算？"如今在互联网信息化时代，教师更要与学生一起观察新事物，收集新信息，探究新现象，这样才能设计出好的情景问题，激发学生一探究竟的欲望，推动个人认知水平向前发展。

三、教师要全程把控好"议论"环节的时机

"自学·议论·引导"教学法需要"议论"环节，但课堂教学始终是动态变化的，什么时候、在哪个问题上来开展议论，是教师在课前了解完学生学情后，需要去精心设计准备的。这不是一个随心所欲去实施的环节，教师只有把握好讨论的时机才会有助于提升合作学习的实际效果。

1. 教师设计的问题答案不唯一，有多种解题方法的时候，可以引导生生之间进行小组议论。此时，每个人畅所欲言，吸取别人的长处，提高个人对问题的理解程度。另外，组长可以通过组内的议论优化解决问题的方式，使成员们都能获得满足感。

2. 学生自主学习出现困惑、热情不高、注意力不集中时，可以组织议论学习，此时往往表明个人学习出现了障碍，需要有人帮助着、提醒着、引领着学习，这个人可以是组内同学也可以是老师。这样，就能把主观愿望不强烈的学习时机给消除

掉，通过和其他同学的思维碰撞，激发个人的"灵光闪现"，彻底激发出学生探究问题的激情。

3. 每位同学的思维方式、经验积累都是不尽相同的，每位个体之间是必然存在差异的。当一个同学单独展示自己的探究结果时，教师就可以利用这名同学结论的对错、优劣来进行议论，引导其他同学进行交流、合作学习，提高学生们的认知程度，丰富学习过程中的个人情感。

4. 同学们在课堂学习时出现明显思维错误时，教师可以以纠错为契机开展议论。通过议论，引导学生转变思考方向，分清问题之间的条件差异，让出现错误的同学从思维定式中解脱出来，明确不能用一成不变的思维方式去解决千变万化的数学问题。

"自学·议论·引导"教学法明确指出，在整个学习的过程中，教师是学生学习的促进者和合作者，是议论问题的设计者和开发者，是学生潜能的发现者，同时也是学习过程的反思者、研究者、学习者。正因如此，教师不能故步自封，要时刻不忘提高自身的教育教学水平，以灵活机敏的头脑、善于引导的机智和方法，将"议论"环节在初中数学课堂教学中的作用不断推向高的层次，真正实现教学法中的合作学习。

巧妙设计问题，提升初中数学课堂效率
——"自学·议论·引导"模式下的问题设计策略探究

兰州市第四十九中学　党得时

思维源自问题，对于初中的数学教育来说，数学探索本身就是对思维的训练，提问则恰是能够激发学生思维的起因。若是在教学的过程中，教师巧妙地设计问题，则能够刺激学生的思维，引导学生在思考问题的过程中，形成良好的思维品质。因此，在初中的教学中，数学教师就要立足教材，多方面收集、组织材料，设计恰当的提问，引导学生自主地探究知识、克服困难、寻找答案，建构数学认知，进而提升学生的数学素养。

一、基础性问题的设计

"自学·议论·引导"模式作为一套先进成熟的教学模式，对于学生思维能力的开发具有显著的作用。在"自学·议论·引导"教学模式下，教师设计问题时则更要关注问题设计的基础性。首先，教师必须明确设计数学问题的目的，设计的问题能够引导学生自主沿着思路探寻问题的本质，找准思维的回归点；其次，教师在教学的过程中，要善于利用基础性的问题来引导学生对知识反复咀嚼，在自学、议论等环节深度地体会相关的数学知识与方法，使学生能够牢固地掌握数学概念及定义。

例如，在教学"绝对值"这节课的知识时，对于绝对值概念及性质等知识的教学，教师可以采用基础性的问题引导学生进行知识探究，如 $+5$ 的绝对值是多少？$+0.5$ 的绝对值是多少？$+X$ 的绝对值是多少？综合以上的问题，让学生谈谈想法，学生在自主探究与小组议论的过程中，就会形成结论：正数的绝对值等于其本身。在这种情况下，教师要继续追问学生"只有正数的绝对值才等于本身吗"，引导学生对自己探究出来的结论进行反思，使学生意识到 0 的绝对值也等于本身。在初中数学的教学过程中，存在着很多这样基础性的概念，教师在教学的过程中，就可以设计基础性的问题，帮助学生掌握与巩固所学知识。

二、开放性问题的设计

在数学教学的过程中，学生所接触的问题大多数是封闭性的问题，相关问题的条件与所求都具有一定的关联性，在解决问题的过程中，思考的方式与解题思路都较为单一，教师要能够在短时间内帮助学生快速地厘清解题思路，探索出问题的答案。但是学习过程中的问题往往以开放性问题居多，表面的条件一般是多余的，必备的条件则需要学生自己去探究，尽管学生使用的解题方法各异，但是最终答案是一致的。由此可见，开放性的问题能够更好地还原数学知识的本来面貌，有助于提升学生的数学思维。因此，初中的数学教师就要意识到开放性问题的重要性，在应用"自学•议论•引导"模式建构初中数学课堂时，设计开放性的问题，引导学生通过开放性的问题情境对数学知识进行深层次的思考，并引导学生在自主学习的过程中学会合作、交流，能够创造性地思考问题。

生活实践作为知识的来源，初中的数学教师则要对生活的素材进行收集、整理，结合教学内容设计出开放性的问题。例如，在教学"勾股定理"的知识时，笔者为学生介绍了勾股定理在工程测量中的应用，当学生在掌握基本的勾股定理知识后，为学生提出了一个问题："木匠在做木工活时，需要使用大块的板材来确定直角，你能帮助他完成这项任务吗？并简述你的理由。"由于这种生活化的问题本身就具有开放性，能够将数学知识形象化，帮助学生掌握知识之间的关联，所以能够更好地将所学知识应用到生活实际中。

三、层次性问题的设计

在初中数学的实际教学中，有一些知识难度较大，简单的提问很难帮助学生理解知识，此时教师可以将知识点设计出由浅到深的层次性问题，为学生提供一条探究知识的路径，引导学生在循序渐进的过程中掌握知识。因此，在教学的过程中，教师要善于构思问题，利用问题的形式将知识的重难点进行串联，引导学生在自主探究、分析问题的过程中，获得更多的知识体验和感悟，不断地提升学生的数学能力。

例如，在教学"一元一次不等式"的知识时，学生对于不等式的关系及性质的理解存在一定的难度，此时教师则可以设计出层次性的问题，引导学生逐步掌握知识。首先，笔者提问学生："生活中有哪些不等关系的例子？"让学生列举生活中不等关系的例子，如比身高、天平。其次，笔者提问学生："如何用数学式子表示不等关系呢？"为学生提供了一个等周长圆和正方形进行面积比较的例子，帮助学生理解"不大于""不小于"的含义。

结语

简而言之，巧妙地设计问题，能够使学生的自学与议论更有效果，使学生在数学学习的过程中获得深刻的感悟体验。因此，初中数学教师在应用"自学·议论·引导"教学模式来开展教学活动时，则要重视问题设计的实用性，以学生的实际情况为出发点，设计出具有针对性、引导性的问题。教师还要依据教学内容设计不同的问题，对待不同的问题，采取不同的教学方法；在学生思维遇到障碍时，教师要予以及时的指点，实现激发学生兴趣，增强学生数学能力，提升初中数学课堂效率的目标。

浅谈"自学·议论·引导"教学法在单元教学中的实践与应用

兰州市第四十九中学　何永强

江苏省南通市启秀中学的李虞南老师经过几十年的教学实践研究，提出了"自学·议论·引导"教学法。这一教学法具体应用到课堂教学中，能激发学生的学习思维活动，同时为教师提供了在教育教学活动中的具体操作方法，指导教师掌控学生学习所要达到的教学目标，做到下要保底上不封顶，意味着每位学生都是学习的主体，都能汲取满足自己学习能力所达到知识，为自己终身学习打下良好的基础。李老师的"自学·议论·引导"教学法指出"学材再建构，学法三结合，学程重生成"的教育教学理论体系。

课堂教学是一个动态过程，每位个体都是鲜活的生命，有自己的思维，有鲜明的个性特征，有自己生活的家庭、学校、社会环境，由于学习主体的差异，学习目标、学习方法、知识层次、接受知识的动力等方面的差异性，最终取得学习的效果也就截然不同。自从"自学·议论·引导"教学法引入我校，通过近两年对这一教学法的理论知识的学习，并聘请李老师开展"自学·议论·引导"教学法的讲座，同时通过片区教研和本校教研组各位教师的交流探讨，听取我市优秀教师的展示课，初步形成了这一教学法在课堂教学实践及应用中的"学必有道，学必有方，学必有法，学必有效"的教学方法法，而"自学·议论·引导"教学法就能很好地解决问题，我粗浅地从以下两个方面作探讨。

一、备课

自从我校引入"自学·议论·引导"的教学法后，同时实行了集体备课与个人备课相结合的"四备"备课制度。

第一，每学期期末各备课组集体讨论划分新学期的教材的章节单元，确定各章节的重点难点，根据教师的特长确定每个单元的主备人。

第二，由主备人在假期根据"自学·议论·引导"教学法的要求，完成自己承担单元的学材再建构，形成教学设计初稿。

第三，开学后主备人把初稿交给备课组，经集体讨论确定学材是否符合"自学·议论·引导"的教学法，内容选取是否有利于知识的生成，学材的再建构能否抓住知识的关键，学法三结合是否得到很好的体现，经过集体智慧的加工形成共同的教案。

第四，个人再备，每位教师根据所任班级的特点对共案进一步作增减，最终形成适合自己班级的终极教案，充分展示自己特色的教学设计，把它应用在自己的课堂中。

二、上课

"自学·议论·引导"教学法的落脚点是课堂，学生是学习的主体，在课堂中激发学生做到"学必有道，学必有方，学必有法，学必有效"。

学必有道，就是要遵循循序渐进的螺旋式的学习方法。"循序渐进"是朱熹的读书方法，就是学习首先要由易到难，从浅入手逐步过渡到新的知识的过程，即是"自学·议论·引导"教学法中知识的生成过程，在单元教学中我们把知识点生成过程书写在黑板上形成了知识树，把它印在学生的大脑中形成知识树，层层递进，引导学生感受自己的成长，看到自己学习过程中留下的脚印。

学必有方，教师作为教学的引导者，就要做到"知己知彼，百战不殆"，在课堂上把学生根据成绩和能力分成若干个小组，每个小组有小组长，经过培训形成小组的核心，学生就有了自学、群学、集体学习的环境，有了自己的学习方法，也就是"自学·议论·引导"教学法中的学法三结合的学习方法。随着信息的发展，教师在选取学材时，立意要新颖，要有新的变化，尽可能掌握最新的信息，捕捉熟悉环境中发生的与所学内容相关的信息，扩大我们的教学资源，逐步完善自己，做到有的放矢，最终发展学生的学力，以教促学顺其自然地形成学习良方。

学必有法，孔子云："温故而知新"，这是一个普遍适用的学习方法，在"自学·议论·引导"教学法中也是适用的方法，在教学过程中，仅仅解决知识的生成还是不够的，在掌握新知识的同时，还要及时不断地复习和拓展训练，才能在头脑中保持更长的记忆时间，做到"温故而知新"。对所学习的知识不断拓展，激发学生学习思维和探索未知的愿望，为今后学习科学知识创造有利的条件。

　　学必有效，有效的课堂学习与课堂教学才能帮助学生建构知识结构，在课堂学习中贯彻"自学·议论·引导"教学法的学法三结合的学习原则，才能收到事半功倍的效果，学生有了学习力，才能更好地发展课程的核心素养。在教学过程中要求教师的备课是有效的，"自学·议论·引导"教学法中的相机引导，使学生对理论知识的掌握，知识技能的提升，以及学习成果的反馈，就要有看得见摸得着的实际效果，教师通过对学材的构建，情境的创设提高知识架构的效果，能使学生今后遇到新问题时转化成已有的知识和基本技能解决问题，达到知识之间融会贯通，提高了学习的有效性。

　　"自学·议论·引导"教学法在课堂中的实践与应用，发展了学生的表达能力，自学能力，合作能力，培养了学生的核心素养，为学生的终身学习和发展提供了必要的人格品德和学习力。

　　苏霍姆林斯基说过："让学生亲自体验到亲自参与掌握知识的情感，是唤起青少年对知识的兴趣的重要条件"，学习的目的并不是学习的本身，而是获得知识的经历过程。我相信通过"自学·议论·引导"教学法在课堂教学中的实践与应用，学生一定能在学习中取得更大的进步。

"自学·议论·引导"下的分层教学课堂实践

兰州市第四十九中学　史秀清

李庾南老师践行的"自学·议论·引导"教学法构筑了真正的教学过程，而且三者形成了积极的互动：以自学为主题，以议论为重要方式，用引导串起教学。显然，这是对教学的深刻把握。通过四十年的坚持，李庾南老师用"自学·议论·引导"解决了教学的一些基本问题，提炼了教学的基本规定性，更重要的是诠释了教学的基本规律。

自学，点击了教学的核心。教学的核心是学生学习，学生学会学习、个性化学习、创造性学习，这几乎已成当今社会的共识。议论，是学生间的一种讨论，是一种合作学习。学习科学理论告诉我们，诸多的学习方式中，合作学习是最为有效的，最适合学生的。可以说，合作学习的水平有多高，学习的水平就有多高，教学的质量就有多高。引导，指教师的点拨、补充、提升、发展。自学、议论，是教学过程中的两个重要因素，不能代替整个教学过程，教学不能舍弃教师的教，否则，是一个不完整的教学，不是真正的教学。李庾南老师用"自学·议论·引导"来"搅动"教师和学生的最近发展区，让各种教育因素活跃起来、互动起来，让最近发展区逐渐成为现实发展区。

2016年我校加盟李庾南实验学校，学校抓住这一难得的契机，积极借力李庾南老师的教学实践示范和教学理论的引领，组织数学教师深入领会学习李庾南老师的"自学·议论·引导"教学法思想，通过培训和实践来提升老师的教学能力和学生的学习能力。我也在李庾南老师的"自学·议论·引导"教学思想的引领下，积极将李庾南老师的教学思想和我的课堂教学活动有机结合，努力打造出既适合我班实际，又具有一定前瞻性的课堂文化，进一步推动课堂教学改革的发展。

运用"自学·议论·引导"的新教学法，在教学内容、教学形式和教学环节上与传统教学都有所不同。经过近两年的课堂教学实践，把我的具体做法和同行们共享。

一、根据学生的学习能力和学习特点对班级学生进行分层、分组

初一学生开课两周后，老师对学生的学习能力和学习特点有了基本的掌握，然后根据学生的对知识接受能力、理解能力和实际学习能力水平等进行综合评价，根据评价结果，将学生分为 A、B、C 三个组：较高能力组、中等能力组、较低能力组。教师针对各不同能力组有针对性地制订教学计划、编写教案、安排教学进度、设计训练内容，真正实现不同能力组学生潜能的最大限度发挥。但要注意的是，不同等级能力组仅仅是相对划分，而非绝对划分，并且，通过认知水平的逐步提高，各能力组之间的成员还要进行互调。

这种分层教学方法正应对了李老师提出的"自学·议论·引导"教学思想的出发点，即改变传统教学的组织结构，采用个人、小组、班级三结合的教学形式。避免把学生当作"标准件"，用一把尺子、一个要求，整齐划一地进行教学，采用这种教学方法是对班级授课制的长善救失。

二、根据学生的学习能力层次，重组教学内容

使用现行教材，但教学内容要重新组合，实行单元教学。依据学生的自学能力、知识体系和数学学科特点，划分教学单元。通过学习单元的划分，力求能将学生带入智力最近发展区，能建立与学生知识体系相适应的紧密的知识结构，并有利于对学生思维的训练。在此基础上的单元划分能够把学生的知识结构与认知顺序统一起来，使知识系统出现，让学生在掌握学习内容时，由"厚"变"薄"，有利于知识结构的建立和认识上的飞跃。值得注意的是，单元教学内容的重组不是简单地调整一下本单元教学的顺序或增补一些内容，而是要求教育者以教学目标为先导，抓住本单元教材所要解决的基本问题及基本联系，从而选取最能体现问题本质、最具有典型性、最具有包容性和最具有可接受性的素材，建立思路更加清楚、结构更加和谐、实现目标更加便捷的教学体系。教材单元重组要根据学生的实际情况、接受能力，以设计有利于学生接受、理解和掌握的教材单元重组方案。

怎样重组教学单元？核心要落在课型及教案设计上。比如在课堂上对数学概念的教学，应设计一定的教学情境，从学生熟悉的事例或数学知识的新旧联系中引入，使学生看到数学概念的背景和来源，体会概念的形成过程。概念教学我在课堂上通常要采用"归纳式"。"三角形全等"是初一数学的重要概念。这部分内容可设计多

种方法，可以从看、说、做等多种途径，让学生去感悟三角形全等的概念。看——就是生活中的常用物品哪些具有三角形状，让学生观察、比较，对三角形全等产生感性认识。说——就是让学生列举丰富的生活实例，进一步感受全等，体现数学来源于生活。做——就是让学生探讨用纸片折叠不同的全等三角形，再展示，并加以说明。学生在谈了生活中丰富的三角形现象后，再动手去做三角形全等，激发了兴趣，培养了学生的动手操作能力，在做中进一步感悟三角形全等，从而水到渠成地归纳出三角形全等的定义。

三、科学应用课堂授课类型，增强学习效果

根据"自学·议论·引导"教学法的要求，在讲授中要根据教学内容和教学要求科学运用不同的课堂类型。自学课、交流讨论课、习题课和复习课等四种基本课型在课堂上要灵活运用。李老师对不同课型的作用已经做了非常详尽的解释："自学课是学生集中获取信息和准备输出信息的阶段。交流讨论课是使教学系统全部开放，各种信息及时得到反馈的阶段，是'自学·议论·引导'教学最富有特色的课型。习题课和复习课是前面两种课的继续和延伸，是全面完成单元教学和整体教学任务的保证。四种课型既各有独特的任务，又是相互联系、相互渗透的。每种课型没有固定不变的格式，应视教学的实际情况灵活运用。也不是所有单元都要上全四种课型，有时只需将其中的一、两种课型融为一体，结合进行。"

根据李老师的"自学·议论·引导"教学法思想，我在给初一学生上课时，根据不同教学内容科学设计不同的课型，有时在一堂课中要同时用到两种课型。比如在讲到列方程解应用题时，首先可以进行交流讨论，可以不让学生阅读教材，而由教师引导学生回顾与方程有关的知识结构和研究方法，再揭示方程组的概念，按照数学知识的结构特点和自然的逻辑发展趋势，进行入理入情创造性的探索，并进行系统概括，得到方程组的概念。接下来就要用到习题课型，给出简单的习题让学生进行练习，习题课是自学课、交流讨论课的延伸和发展，全面完成单元和整体教学任务的保证。四种课型各有其独特的任务又是相互渗透相互联系的。所以，我们要充分认识到，四种课型不是固定不变的程式，应就教学的实际情况灵活地有所侧重或综合运用。

四、"自学·议论·引导"教学法的实验检析

我们班经过一年的"自学·议论·引导"教学法实验,教学效果是比较显著的。

首先,学生的自学能力有了明显提高。到初一上学期结束时,有90%以上的同学能用概括性的语言归纳出一些规律性结论,并可以用抽象的符号来表示一些规律。约70%的同学已不满足仅仅对题的看懂与会做,他们还要探究每个例题的目的和每一步的根据,联想到相同类型的题并挖掘一些更深的内容。

其次,学生对基本知识、基本技能得到更好掌握。实验班和对照班入学成绩基本相同,但比较他们在初一上学期期末考的成绩,实验班占有明显优势。

最后,通过"自学·议论·引导"教学法实践,学生数学的综合运用能力和辩证思维能力得到较快提高和发展。在初一下学期,把实验班和对照班同一次进行数学综合运用能力测试,从测试成绩可以看到,除数学模拟能力、形式逻辑推理能力外,实验班学生和对照班学生在数学的语言、抽象分析、运用、推理能力、辩证逻辑思维能力上都有非常显著的差异。

五、几点体会

下面是我的几点体会。

1. "自学·议论·引导"教学法确实是一种科学的教学方法,通过"自学·议论·引导"教学法的实践,使学生产生强烈的情感体验,接受老师的教育,自动调节自己的学习行动,并在行动上做出积极的反应。学生不仅用理智而且用情感感知周围世界,取得成果。这种智力劳动的丰硕成果又进一步激发学生的学习兴趣、学习责任感,引起学习动机,产生极大的学习积极性。如此循环往复,最终实现教学过程的优化。

2. 实验学校要充分调动教师的教学积极性和增加教师的责任感,通过各种方式的培训,将"自学·议论·引导"教学法落实到每一位数学老师身上,科学设计考核指标,使每个教师都有责任并能心甘情愿应用这种教学法教育学生。

3. 落实奖励政策可以使"自学·议论·引导"教学法具有持久性。"自学·议论·引导"教学是教学改革,必须制订出配套的政策,让优秀的教师和学生在精神上和物质上获得奖赏。另外,好的教学质量也要在工资、奖金上有所体现。这些政策能更好地使"自学·议论·引导"教学法的改革顺利地实施。

"自学·议论·引导"教学模式在初中数学教学中的应用与研究

兰州市第六十五中学　贾 蕊

随着我国新课程的实行，在初中数学教学中，不仅要向学生传授相关知识，更要引发学生开展独立思考，培养学生的多方面能力。教师要根据社会对人才的新要求，转变自身教学理念，突出学生的教学主体地位，并且调动学生对数学学科的积极性和热情。在数学教学中应用"自学·议论·引导"教学模式，可以促进学生开展自主思考，培养学生的数学思维以及沟通能力，通过学生之间、师生之间的交流互动与分析探讨，促使学生掌握相关知识以及学习方法，进而提高教学质量。

一、"自学·议论·引导"模式概述

"自学·议论·引导"模式将导学与互动探究充分结合，对优化课堂教学质量，提高学生学习效率具有重要意义，其主要分为以下四个步骤，分别为导学归纳、学生探究、合作互动以及教学训练，在应用"自学·议论·引导"模式中，可以充分调动学生对数学学科的学习热情，并且通过教师的针对性指导，促进学生开展自主学习，对学生的合作能力以及团队精神进行有效培养，将课堂教学与学生自学有机结合。在新课程的要求下，"自学·议论·引导"教学模式的应用对提高初中数学教学质量具有关键的推动作用。

二、"自学·议论·引导"在数学教学中的具体应用

（一）鼓励学生开展自主学习

"自学·议论·引导"能够激发学生探索欲望以及学习潜力，因此，在实际教学中，教师要鼓励学生开展自主学习，激发学生对数学学科的兴趣，提高学生的学习

热情与积极性。

例如在学习"三角形中位线"这一知识点中,虽然学生对三角形具有全面的认识,但是对中位线概念却知之甚少,因此,在开展教学活动之前,教师不能仅仅就概念进行讲述,要先为学生展示三角形图片,通过图片让学生明确线段之间的位置,进而利用图片开展中位线概念讲解。在教学中,教师要尽量通过浅显的语言进行知识传授,鼓励学生开展自主探究,利用信息技术制作中位线教学导纲,帮助学生全面掌握中位线概念。

(二) 师生开展互动合作

在"自学·议论·引导"中,导学是开展教学的关键,是互动式教学的主要形式,因此,在数学教学中,首先,数学教师要注重引导与学生开展合作学习,并且通过布置任务的形式,鼓励学生通过小组合作,共同寻找解题办法,在帮助学生掌握知识的同时,强化学生的合作能力;其次,教师要对学生加强交流与互动,并且组织学生定期汇报自主探究成果,给予学生以适当的提醒和帮助,进而促进师生关系的和谐,创设积极向上的教学气氛;最后,教师要结合学生的实际学习情况,对知识难点以及重点进行归纳和总结,巩固已学知识。

(三) 帮助学生构建数学知识体系

通过"自学·议论·引导"模式,教师要帮助学生构建属于自己的数学知识体系,并且有效引导学生对知识点进行归纳和总结,以学生自主总结为主,适当地给予帮助和提示。同时,在学生总结过程中,教师要培养学生自主总结与归纳的能力,帮助学生整理知识体系,对于学生的优异表现要给予肯定和鼓励,促使学生更加自信地参与到学习中,激发学生对数学的热情和兴趣,实现教学质量的提高。

(四) 通过训练巩固和强化知识

教学训练是数学教学中的关键环节,通过训练教师可以了解学生掌握的学习情况,并且针对教学中的不足进行反思和调整。在数学训练中,教师要合理设计数学习题,在学生练习中,教师要对学生普遍遇见的难题进行点拨和指导,并且开展针对性辅导,帮助学生巩固和强化基础知识。

(五) 与探究式学习充分结合

在运用"自学·议论·引导"模式中,教师要有意识地与探究式学习充分结合,对学生进行有意识以及有目的的问题引导,进而引发学生对问题进行有效思考,实现知识的灵活运用，优化数学教学质量。

三、在应用"自学·议论·引导"模式中需要注意的几点问题

（一）教学训练中需要注意的问题

教学训练是"自学·议论·引导"的最后以及最关键环节，因此，教师要合理选择题目，注重题目的难易程度以及与课程的衔接性，根据学生的个体差异设计难度程度不同的题目，保证所有学生都可以获得提高。

（二）导学归纳中需要注意的问题

教师要注重发挥导学的积极作用，要引导学生自主对知识点进行总结，并且带领学生共同对知识点进行回顾，教师还要注意教学板书要逻辑清晰、书写简练，不能认为学生不具备归纳总结能力，就代替学生进行总结。

结语

总而言之，在初中数学教学中应用"自学·议论·引导"模式，可以加强学生与教师之间的互动和交流，提高师生之间的沟通效率，促使教师更加了解学生的学习需要，同时，"自学·议论·引导"模式还有利于帮助学生构建数学体系，对学生多方面能力进行培养，优化课堂教学质量，为学生未来的数学学习奠定基础。

学习李庾南老师"自学·议论·引导"教学法自我领悟

兰州市第十六中学　王立琴

一、扎实的自学——实现初中数学课堂效率的重要前提

克莱恩说:"孩子们所拥有的潜力比目前的教育体制所能启发他们的多得多。你必须从旁协助他们。""教师的教学,该建立在学生阅读学习的基础上,该从解决他们在阅读学习中的障碍开始教学。"这段话正说明了现阶段教育环境下初中数学应以学生自学为前提,教师协助引导为辅助,组织在课堂以交流议论等形式完成学生质疑问难。学生自主学习正是由教师提供学习任务、背景,以教材为中心,通过学生的一系列自主活动,发现问题、发现规律、验证规律、推理规律,积极构建学习过程的学习模式。开展扎实的自主学习活动,才能有助于思想交流和质疑的解答,更能培养学生学习交流的自信心。学生交流不积极,会出现成绩不同程度的下降,学习任务不能按时完成,学习压力变大,出现兴趣降低,知识理解不深刻,掌握不牢固等问题。分析其原因首先考虑自主先学环节出现问题,如,学生不能独立地、高质量地进行前置学习,有时教师的跟踪检查和评价反馈交流跟不上。因此,扎实的自学是实现初中数学课堂效率的重要前提。

学生自学能力需要教师分步骤培养,学生在学习过程中看到,想到,猜到,验证,动手操作,发现,归纳自己所得都是自学过程,不一定要在课堂上给定自学时间,可以是课前,课中,课后,甚至在路上都可以有自学所得。学生知识、能力、心理、思维等都处在发展初期,学生自主学习能力的培养离不开教师的科学指导,教师根据教材,设置前置作业来引领学生的自主学习是目前存在的有效方式之一。教学的起点是学生个体先学,以学生原始的、真正的、发自内心的学习动力作为教学的第一步。学生通过完成教师设计的"前置性作业",感到这个知识是我探究出来的,是我自己学会的,我还会教会同学,从而在第二天的课堂上有了想"展示"的

欲望；或某知识点没弄明白，带着疑问带着难点有针对性地听课。

由此展开学生学习的第二环节——小组议论交流。

二、有效议论是实现课堂教学知识生成过程，归纳总结论证的必备方式

学生有了先学的基础，回到课堂，就可以进行小组议论交流。由于每个学生都有自己的学习心得（无论多少，无论对错），都想在同伴面前"炫耀"，此时课堂上教师就要给学生这样的展示机会。小组讨论，其实在形成一种互相帮助、互相交流、合作学习的课堂文化氛围。即向别人求教是光彩的，能帮助别人的人才是有用的人。

同时，教师的教学管理、评价方式也要随之发生改变。教师通过评选"优秀小组"的方式，促进4人小组成员之间的互帮互学。当学生通过组内交流、互相帮助，全组同学都学会之后全班展示，由各组举手表决，就可以获得"优秀小组"。如此的评价坚持两周，这个小组的合作学习气氛一定会很快地成长成熟起来。

三、科学引导——实现初中数学课堂目标的关键

基于"自学·议论·引导"教学模式是以学生为中心，在师生、生生互动合作中学会学习，教师的介入重点是将学生引入创造的、理想的交流讨论场景。

对于议论互动合作学习来说，可以有效培养学生的交流与合作能力，同时也可以完善学生的学习方式，而这也只能通过小组议论来实现。对于互助互动合作学习来说，第一，可以凸显出学生的主体地位。在议论中开展互动合作学习，就可以实现教师与学生之间有效的合作，这样才能真正凸显出教育的特点与功能。在传统的教学模式中，教师占据主体地位，学生只能被动地接受教师所讲述的内容，这样也就忽视了学生的主体性。在李庾南"自学·议论·引导"的影响下，教师在教学中的主要任务转化为设计出相应的情境，以此来激发出学生的学习积极性，从而鼓励学生参与到学习中去。通过让学生主动进行探索，来获取知识，在学习中发现、提出与解决问题。可以说这种教学方法可以帮助学生学会自主学习，提高学习的效果。第二，提高学生的认知。在开展合作学习的过程中，教师就要正确地引导学生，鼓励学生主动发现问题，通过研究与解决问题来明确知识的形成与产生过程。通过实践可以看出，借助互助互动合作学习方法可以帮助学生加深对知识的印象，同时也可以满足学生的认知发展需求。第三，实现教学信息的有效反馈。在师生互动的影响下，可以实现信息的有效传递，同时也可以帮助教师掌握学生的实际学习情况，

从而在课堂教学中选择有针对性的教学方法，以此来帮助学生实现学习的目标。

四、在初中数学教学中采取"自学·议论·引导"学习的措施

（一）课前建立出完善的学习小组

在课堂教学中教师要掌握好学生的实际学习情况，有选择地将学生分成不同的学习层次，从而帮助学生学习好数学知识。如教师可以将学生分成优等生、中等生以及学困生，在分组的过程中也可以将不同层次的学生分在一组，以此来帮助学生展示自我，优等生带动学困生，从而提高课堂教学的效果。在小组中也要选择小组组长，且小组组长要具备一定的组织与合作能力，这样才能对小组成员进行科学的分工，保证议论合作学习的顺利进行。在议论合作学习完成后，可以对学习的情况进行再总结。教师也可以结合不同的活动内容来向学生提出相应的要求，从而制订出有效的教学计划，实现议论合作学习的目标，进行课前协作。

（二）课前协作，积极准备

课前协作就是要求学生在课堂教学中要从学生的学习需求上出发，向学生提出学习的任务，以此来实现议论合作学习的目标。在这种教学方法中，往往是将教学任务进行了划分，由小组来分别完成，最后通过汇总的方法来实现学习的目标。如学生在学习中需要进行社会调查，教师就可以要求小组中的成员调查其中的一项内容，然后再将调查的情况进行汇总。

（三）课内激发出学生的学习积极性

对于初中数学教学来说，教师要帮助学生形成平等的学习氛围，以此来激发出学生的参与积极性。如在教学中教师可以向学生提出问题，每周参与家务活的次数有几次？然后引导学生进行调查，帮助学生掌握调查的方法，同时还要求学生要得出参与家务活时间的平均数等。在这种教学方法的影响下，可以帮助学生掌握好这一知识，同时也实现了互助互动合作学习的目标。

（四）进行课后研讨

对于课后研讨来说，就是要从学生的学习需求上出发，在课后进行议论合作学习的方式。且在这种方式中，教师就要让学生针对在课堂中没有解决的问题进行探讨，鼓励学生进行议论互帮互助合作学习，从而实现共同提高的目标，完成学习

任务。

结语

综上所述可以看出，在"自学·议论·引导"教学模式下，学生做好课前、课内、课后自主学习，教师要做好引导工作，激发出学生的学习积极性，在培养学生自学能力交流能力的同时，提高学生的学习效果，实现初中数学教学的目标。

浅谈数学教学中应用李庾南教学中的"学材再建构"

兰州市第四十九中学　梁　艳

全国当代教育家李庾南老师倡导并实践的"自学·议论·引导"教学法是一种源于实践积累，成为理论观照的教学法，其鲜明特色是主张对"学材再建构"。这种教学法以其特色鲜明、易于操作、普适性强、效果明显而深受许多教师的喜爱。为了学习和引进李庾南老师的这一先进的教育理念和教学方法，学校多次特派数学组的教师前往江苏南通，实地、近距离地观摩学习，取得了显著效果。下面，就我校数学教师对学习李庾南教学法中的"学材再建构"的一些认识与做法进行分享。

一、对"学材再建构"概念的解读

"学材再建构"的提法源于李庾南老师"自学·议论·引导"教学法中倡导的"重组教材内容，实施单元教学"的思想。"学材再建构"要求数学教学不能仅依靠几本数学课本和教学参考书，而是要以数学课本为参照，以课程标准为基础，根据学情、生情、校情和单元教学内容，以学生的最大发展为宗旨，为实现学生学习效益最大化，重新建构学习材料和学习资源。换句话说，在运用"学材再建构"教学法进行教学时，教师不能完全按照现行教材的编排体系按部就班地进行教学，而要以教师自己设计的教学思路和意图对学习材料进行再建构，按照再建构后的内容进行教学。在重新建构学材的过程中，一定要将所再建构的学材与本地实情相结合，要遵循"新课标"的情况，要与"生情"相谐，要与"师情"相宜，要与"考情"相合，要遵循"源于教材，异于教材，高于教材"的原则，做到"上不封顶，下要保底"，既要有利于发展优秀学生的智慧，也要兼顾到中下等学生的接受能力，对各种学材主动进行加工重构。"学材再建构"教学法有助于让学生掌握某一知识的来龙去脉，有利于在学生的头脑中建立起某一知识的整体框架结构，从而达到使学生对所学知识记得清楚、长久，用得灵活、准确的目的，也可以有效地避免由于知识点零散而导致学生学得快，忘得也快的情况发生。

二、"学材再建构"教学法的具体使用

众所周知，数学是按章节来进行的，但并不是一章就是一个单元，也并不是一节就是一个单元。因此，为了让学生对某一数学知识点的内容有较为系统的理解、掌握和运用，教师要根据数学知识本身的结构特点和学生的特点来进行"学材再建构"。单元教学是"学材再建构"在数学学科教学中的主要表现形态，即根据某一数学知识发生的规律和其内在的联系以及所教班级学生的学情与可达到的高度，基于优化学生的思维品质，鼓励学习自信与自觉，激发学生创新与创造力的目标追求，将学材分为单元和知识模块，从整体上设计教学要求，重新建构教学内容，并分课时实施。在划分单元的时候，教师可以视具体情况（教材、学生、教师），按照有利于学生学习兴趣的培养、情感的激发和数学知识框架的建构，与学生自学能力和知识体系相适应，以学生易学为首要目标，便于培养学生科学的思维方法和学习方法的原则来进行。

下面以北师大版数学八年级下册"平行四边形"这一章为例，谈谈怎样进行单元教学式的"学材再建构"。

平行四边形的概念及其性质在实际生产和生活中有着广泛的应用，平行四边形的概念是本单元学习的知识生长点，对平行四边形性质的探究有助于培养学生的数学思维方法。而学生在小学阶段已经对平行四边形有了初步、直观的认识，会用语言来描述该图形的一些特征，并且也能用长方形、正方形、三角形等图形进行拼图，但对其本质属性的理解并不深刻。同时，平行四边形与三角形、四边形、多边形等有着这样或那样的内在联系。所以，教授这部分内容时，教师有意地将三角形、四边形、平行四边形等内容进行了再建构，按照引导学生将三角形、四边形、平行四边形的原有认知上升到理性认识，建构知识结构，完善认知结构；通过三角形与平行四边形之间的转化，让学生体验对平行四边形性质和判定定理的猜想、探索、证明的过程，进一步培养学生的推理论证能力，深化对证明必要性的理解，发展学生的演绎推理能力；通过给平行四边形添加辅助线的应用练习，让学生体会到证明过程中所运用的归纳、类比和转化的数学思想方法，发展学生逻辑思维能力、推理论证能力和数学表达能力的目标进行教学。

诸如此类，在平时的数学课堂教学过程中，为了达到让学生对某一知识点形成整体架构的理解和掌握，教师很有必要对现行教材中的知识点进行跨章节，甚至是跨学期、跨年级内容的再建构。在此过程中，数学教师的思路要清楚，目标要明确，同时也要付出辛勤的劳动。"一分耕耘，一分收获"，只要我们的方向对头，并认真践行"学材再建构"，相信一定会收获满满。

已经82岁高龄的李庾南老师多次强调："让学生在积累数学活动体验和建构数学知识体系框架的基础上形成数学技能，应该成为数学老师们的共识。"只要广大数学教师结合本地区、本学校的实际，灵活实践李庾南老师"自学·议论·引导"教学法中所倡导的"学材再建构"理论，必然会逐渐优化教育理念，不断地提高教师的教学水平，也一定会更好地促进学生的教学成绩提升。

初中数学课堂教学中教师引导策略思考[①]

兰州市第三十二中学　李维荣

新课程标准倡导合作、探究、自主等学习方式，注重培养学生实践能力和学生参与课堂活动兴趣。而初中数学作为一门抽象性较强的学科，"自学·议论·引导"教学法中，需要教师有效引导，由此一来才能更好地达到预期教学目标，真正提高教学质量。

一、创设有趣引导情境　激发学生学习兴趣

初中数学教师在教学中应结合学生实际情况和课程特点创设相应的引导情境，使教学更具有针对性，促使学生理解所学内容的同时打破传统单一沉闷课堂气氛，激发学生学习兴趣，提高教学效率。以《众数和中位数》一课为例，教师就设计了以下教学案例：首先运用现代多媒体为学生展示一则招聘启事："因我公司需扩大经营规模，技术部需对外招聘多名员工，每个月平均工资为2000元，有意者请前来面试。"有位大学生参加面试并由于在实习期间有着优异表现，管理层决定录取他，但这位大学生了解了一下公司员工工资情况就很纳闷。员工A说："他们几个人的工资都是1200元左右。"员工B说："他每月工资是1500元左右，在公司处于中等阶层。"请大家计算一下，公司这则招聘启事中提到的平均工资是否真实。学生运用计算器计算后回答道，学生A："公司这则招聘启事为真实话语，员工每月平均工资确实是2000元"。学生B："我觉得不对，因为总工程师每月工资为5000元，要去掉其工资再计算平均数，所以普通员工并没有2000元。"教师："大家说得都十分有道理，但详细分析，学生B更符合实际情况。那么你们认为平均数工资能否真实反映员工工资水平呢？"学生："不能。"教师："如果按照上述总结，不能运用2000元表

[①] 项目：甘肃省"十三五"教育规划课题"'自学·议论·引导教学法中'引导策略的研究"的阶段性研究成果之一（课题编号：GS〔2017〕GHB0765）。

示普通员工工资水平，那么哪个数据可以反映呢？"学生 C："可以运用 1200 元反映，因为大部分员工工资都是 1200 元。"学生 D："应该取中间数 1500 元。"学生 E："去掉最高数 5000 元后再求平均数可以得到 1625 元。"最后教师总结："大家的想法都很棒，今天给出的数据中除了平均数还有统计学中经常运用的众数和中位数，上述案例中，因总工程师工资过高，平均数则无法有效反映普通员工工资水平，此时就可参考众数和中位数分析数据并在此基础上作出合理判断。"

二、引导学生深入思考 培养学生逻辑思维

思维是学习数学不可缺少的组成部分，并在分析问题和解决问题中不断得以健全完善。小学数学教师在教学中应引导学生在学习中不断思考解决问题方法，由此达到发展思维的目的。教师可从以下方面着手：首先引导学生展现思维。所谓展现思维即让学生把思考所得答案线索和解决问题方法呈现出来。这种展现可以帮助数学教师及时了解学生原有解决问题态度、习惯以及技能，并发现其中存在问题，引导学生在学习和解题中做到收缩得当。以《探索勾股定理》一课为例，数学教师提前将学生分为三个小组，分别为三个小组发放 3 种规格的三角形纸板，让学生验证三种不同规格三角形均为直角三角形后对边长进行测量，探索三角边有何等量关系。有个小组指出："短边＋长边＝中等边长的 2 倍，即 $a+c=2b$"，得出这个结论的理由为 $3+5=8=4×2$。然而其他小组很快否定这个猜想，因为该小组学生忽略验证第三种直角三角形，此时整个班级陷入思考困境，主要因为学生在学习中惯性运用加法、减法、乘法、除法等计算边长，没有运用平分计算，因而需要数学教师对学生进行引导，使其掌握多种计算方式，提高学生学习效率。

三、化解教学重点难点 提高学生学习效率

当前初中数学教师需要解决的问题之一即如何突破教学重点和难点。因而数学教师应结合教学内容采取小组合作方式，引导学生在学习中克服重点难点数学知识。尤其在选取内容时应结合学生数学基础水平、心理特点和认知能力等引导学生探索知识，通过小组合作共同完成教学任务。

结语

总之，数学是一门抽象性和逻辑性较强的学科，涉及较多的公式和图形，学生

学习起来不免感到困难。对此，需要数学教师结合学生实际和课程特点进行有效引导，发展学生思维，提高学生学习效率和教师教学质量。只要我们肯探索，相信肯定能发现更多有关"自学·议论·引导"教学法的引导策略。

初中数学教师课堂教学中有效引导策略的研究

兰州市第三十五中学　谢迎春

教学新大纲要求教师应从知识的传授者转换为知识的引导者，教学中要体现学生的学习主体地位，将课堂真正交给学生。教学引导是教学的重要一环，是保证教育结果的关键所在。然而在实际的教学操作过程中，受学情、教学内容、教学压力和教师教学经验的影响，课堂中的引导易流于形式，削弱学生的学习积极性和思维发展。因此，对于如何激发学生学习兴趣和思索，培养学生分析、解决问题的能力，有效引导的探究具有重要的意义。

一、初中数学教学引导中存在的问题

（一）引导目标不够明晰

初中数学教学有非常明确的目标，教学引导属于教学的一个环节，因而也必须有明确的目标指向性。然而在实际的教学过程中，部分教师为了营造良好的课堂教学氛围，减少数学概念、原理、公式等的学习枯燥性，在教学过程中引入过多情景，容易导致教学实际与教学目标偏离，学生的思维被无端发散，学习注意力难以集中，不仅不利于学生学习，还会影响学生的思维发展。如讲授八年级《黄金分割》时，为体现黄金分割在实际生活中的运用，老师们都会引入很多美丽的图片，如埃及金字塔、名画《蒙娜丽莎的微笑》，或以黄金比例构图的摄影作品等体现黄金分割之美；也有教师引用芭蕾舞蹈视频，以舞蹈者踮起脚尖更接近人体黄金分割比让学生感受此知识点的应用。种种引导若方式适宜，均会极大激发学生的学习探究兴趣，达到良好的效果；但若在时长和各种情景中把握不当，则会分散学生学习注意力，反而冲淡教学内容。

（二）引导内容缺乏主次

初中数学教学的引导具备交互性，是教师培养学生独立思维、交流探索学习的重要途径。教师可以在教学的过程中创设各种良好的教学情境，并借助情境设计问题提高课堂调控的效果。这对于教师的整体素质和学科素养有较高的要求。或者涉及学科间的融合，或者受困于教学进度和教学容量，部分教师在教学时只重视了引导学生获取公式、概念等学科知识，却忽略了培养学生的思维、提高学生的能力。"侧重知识引导、忽视教学调控"导致学生学习和思考出现较大的盲目性，学生不理解教师引导的主次，进而诱发课堂教学无序或低效问题发生。如在讲授用公式法解一元二次方程时，有教师将公式的推导过程泛泛带过，而一再强调对公式本身的记忆，及记忆后的机械运用，缺少对公式本身的推导及探索的引导，这种教学中的引导对于学生的数学思维发展并无太大意义。

（三）注重过程忽视生成

初中数学教学是教师立足于教学目标以及学生的学习需求，在动态教学过程中生成的一个具备多变量系统的过程。由于教学过程中存在众多不可控因素，因而教学过程会时常发生教师备课时预设之外的情况。为了完成教学任务，很多教师并不经常重视由学生随机生成的教学资源，在学生"发出不同声音"时，有时只是给予泛泛的褒奖或武断的评判，并没有对学生进行恰当的引导。长此以往，不仅会影响学生探究知识的热情，还会影响教师的引领价值，不利于教学发展。

（四）引导方式机械生硬

虽然同一个班级内的学生具备一定的相似性，然而每一个学生的认知水平和接受能力在客观层面上都是存在差异的。正因为此，教师的课堂引导不应该是单一的，而应该是能够对应不同学生具备多样性的。很多教师习惯于以自身已经准备好的结论作为课堂引导的目的，不重视学生思维构建，也不重视引导启发学生，课堂教学的引导环节以教师的预设为前提，教学引导缺乏生机，难以激发学生的参与热情，这无疑会影响教育的最终结果。

二、初中数学教师课堂教学有效引导的策略

（一）利用学生的兴趣开展引导

兴趣是人长期坚持某项枯燥事物的最根本原因。对于部分初中学生而言，数学学习是抽象枯燥和难以理解的。如果教师能够激发学生的学习兴趣，引导学生快速

进入学习状态、降低课堂教育阻力，将对课堂产生非常良好的作用。因此，在实际的教学过程中，教师可以选择学生感兴趣的事物，如讲故事、做手工、微课、播放视频，生活实例等，为学生创设教学情景，激发学生兴趣，引导学生进入学习状态。如在《平行线分线段成比例》公开课中，老师拿出一截绳子，神秘地抛出问题："没有测长工具，哪位同学能帮老师把这截绳子平均分成五份？"在几位同学踊跃尝试之后，紧跟提出："学习了今天的内容，我们就能解决这个困惑了！"让学生带着迫切需要解决的疑问开始学习，无疑极大地激发了学生的学习兴趣，令后续的教学事半功倍。

（二）在知识迁移的过程中引导

数学是一门逻辑性、知识联系紧密性较强的学科。引导学生利用已知的知识去探索新的知识，形成新的技能是数学学习的常规思路。因此，在课堂中教师应重视知识迁移规律的引导，选择恰当的知识连接点引导学生拓展思维，探索知识内在的联系。例如，在进行圆周角教学时，教师可以引导学生从圆心角概念出发分析圆周角概念，借助圆心角的旧知识穿针引线，引导学生自主探究归纳圆周角概念。

（三）在重难点突破教学中引导

初中数学由若干个章节组成，每一个章节都有独自的重难点。对于学生而言，章节的重难点学习问题在于知识点过于抽象，学生难以理解知识内涵，因而也难以将之转化为自身知识。因此在落实重难点教学时，教师应注重引导学生用自身已知的知识分解重难点问题，在把握问题关键的同时合理使用观察、分析、判断等方式推理，逐层、逐步将知识内化。例如在进行圆与圆的位置关系教学时，教师可以制作透明的圆形纸板，引导学生观察纸板移动时两圆的位置，概括不同位置关系时两圆的半径和圆心距关系，在了解5种不同位置关系的同时，总结5种位置，强化学生的知识理解。

结语

教学是一门学问，更是一门艺术。课堂合理引导能够体现教师的教学能力，彰显教学效果，是提高课堂教育实效性的关键。受客观因素影响，当前的初中数学教学在引导方面存在问题，广大教育者应善于利用学生兴趣开展引导、在知识迁移的过程中引导和在重难点突破教学中引导三大策略，要基于学生的学习情况及自身的教育实际，科学地开展引导教学、趣味化教学过程，有意识地激发学生的思维，引领学生探究知识，使学生真正成为课堂的主人，体现其学习主体地位，推动初中数学教育良性发展。

"自学·议论·引导"教育理念下的前置

兰州市第四十六中学　夏　璇

"自学·议论·引导"的教学模式，在教学过程中强调学生的自主学习，要求学生能够主动去获取知识，并且对教师讲解的知识进行准确判断和选择，从而最大限度地提高教学质量和效果。而前置型作业就是"自学·议论·引导"理念中"自主学习"的部分。前置型作业是"自学·议论·引导"课堂成功开展的关键因素，能够让学生有准备地进入课堂，进行有效的问题讨论；给予学生更多自主学习空间，培养学生独立自主的能力；能够让学生学到更多的课外知识，丰富教学内容，扩展学生的思维；同时还能让学生感受到学习的乐趣，找到适合自己的学习方法。

一、前置型作业的设计要简单有趣，引起学生的兴趣

前置型作业是在学生没有学习新知识的情况下，完成教师布置的以新知识为根据的教学任务，虽然学生会因为自主学习新知识而感到兴奋，但如果前置型作业难度过高并且枯燥乏味，很容易让学生失去学习的兴趣，并且打击学生学习的积极性，所以，教师在设计前置型作业时要注意前置型作业要简单有趣，能够引起学生学习的兴趣，像设置情景问题，或者需要小组探究以及需要学生动手探索、深入思考又能得到结果的作业。这种作业不仅能够引起学生的学习兴趣，提高学生学习的积极性，还达到了前置作业应有的效果，让课堂更有效地进行。

比如，在学习 What's your favouite subject? 的内容时，教师可以让学生联系实际生活，从平时的生活经验中得到解决的方法。教师先让学生说一说最喜欢的课程，然后问学生为什么喜欢这门课程，让学生根据平时自己的兴趣谈一谈喜欢的课程，进而引发下一个话题。这些问题与学生的生活息息相关，容易引起学生的兴趣，并且难度不大，不会让学生产生挫败感。

二、前置型作业的设计要难度适宜，全面发展

前置型作业是以课本教材为基础和课后作业相呼应的一项教学任务，学生根据课本通过自己独立的学习完成作业。但每个班级学生的学习水平都不尽相同，如果教师在设计前置型作业时难度过高，很容易导致一部分学生失去学习的信心，产生挫败感从而陷入自身的怀疑中，这种情况不仅不利于学生有效的学习和长期的发展，还与生本教育的理念相违背；如果前置型作业难度过低，就会让学生失去探究的兴趣，并产生一种自大的心理，同样不利于学生的长期发展，达到适得其反的效果。所以教师在布置设计前置型作业时，要注意问题的难度适宜，兼顾到各个学习水平的学生，全面发展。例如，在学习"An old man tried to move the moutains"这一内容时，教师首先准备几部优秀的中国传统故事的电影片段，再给出几部经典的迪士尼童话故事片段，最后把学生按照三到四人的方式进行分组，并让学生根据模型所给的片段，通过小组实验探究方式，完成表格。

三、按时检查作业完成度，及时地进行评价和调整

教师在布置前置型作业时，不仅要根据课本以及学生的特点设计合适的作业，还要在作业布置下去后及时地检查作业的完成度以及达到的效果，对学生的作业进行评价，根据作业达到的效果再进行调整，争取让前置型作业所达到的效果更完美，让"自学·议论·引导"的理念以及教育方式更好地实施。例如，教师在布置前置型作业时向学生规定在一定的时间里完成作业，在时间达到时教师要及时检查作业。书面作业上交，教师要认真修改，给出评价；文字汇报类的作业教师要当堂让学生进行汇报，教师指出优缺点，进行表扬并给出改正措施。教师在每次检查学生的作业时，要仔细研究前置型作业给学生带来的效果，观察学生是否进步，及时修改前置型作业设计的方案，让生本教育更好地实施。

结语

在当前应试教育的大环境下，"自学·议论·引导"教育理念的提出无疑给以教师为主，学生为辅的刻板的教学模式带来了活力。"自学·议论·引导"，以学生为主，让学生成为学习中的主导者，教师从旁引导，培养学生自主学习的能力，让学

生能够独立、活泼、健康、主动地去学习，同时全面培养学生自身素质，使其成为一个对家庭、对社会有用的新世纪人才。前置型作业作为"自学·议论·引导"的关键因素，是生本课堂的重要组成部分，对学生长足的学习发展起到关键性作用，因此，教师和学校以及学生应相互培养，让"自学·议论·引导"理念下的前置型作业更有效地实施。

浅析"自学·议论·引导"教学法在初中数学教学中的应用

兰州市第四十六中学 杨重泽

一、"自学·议论·引导"教学法的内涵

"自学·议论·引导"教学法作为教学方法的改革和学习方法的指导,实现了教学理念的创新,也在教学方法上有了突破。主要是激发学生的潜力,提升学生的思维能力。"自学·议论·引导"教学法提倡灵活多变的自有课堂法则,是教学方法的全面创新。"自学·议论·引导"教学法在数学教学中的应用,是以学生为主而教师指导为辅的方法。此种方法中的引导作为重要环节,实现师对生、生对生、生对师在无声的语言中完成声、情、言、行相互进行启发、点拨、解惑、引导。现在全面倡导"自学·议论·引导"的方法,包括个人学、小组学、全班学的模式。在教材的重构中以学生的兴趣学、乐学、能学等多方面实现学生的自主创新思维。教材和学生决定了教学方法,学材和学法决定学习的质量。议论引导教学法中的教育思想能够激发学生的思维,使其思维活跃,实现学生思维能力的提升。教学的根本目的是让学生学习,教学要根据学成而定。学生教育主要是围绕学生学习能力的发展,同时学习能力也是好品质、好能力、好状态的体现。

二、"自学·议论·引导"教学法在初中数学教学中的应用策略

(一)小组议论,点燃学生的思维

在初中数学教学中采用小组议论引导的方法,发挥议论的最大价值,并且让小组同学之间的学生能够在同质分组的基础上提升思维能力。在实际中,参加过小组议论的学生在议论的过程中的观点是:就有理数来说是可以用分数表达的,但是还

会有一个不能用分数表达的数，那么这个数就叫作无理数。事实上初中阶段的学生还没有学习无理数这样系统的数学知识，但是基本上对无理数有了初步认识，这就说明有效的自主学习以后就可以展开有效的议论，实现学生数学推理的有效性。基于此，数学概念的形成和认识都对学生数学概念思维有根深蒂固的影响，但是对于初中阶段数学学习的学生而言却对心理造成较大的压力，也就是说如果学生在一进入初中阶段就觉得数学学习很难，那么在日后数学学习上都会排斥和害怕。

例如，在教"相似形"的时候，教师为了让学生有组织地展开群体议论，就会在教学环节导入一些设计好的情境，首先是提出问题："以朱庄小学的数学兴趣小组准备测量操场上的旗杆高度为例，上午9点钟学生测量的旗杆在太阳下的影子长度是15米，测量学生的身高是1.4米，测量学生在太阳下的影子长度是3.5米，依此类推你能测出旗杆的实际高度吗？"教师设计的这个情境富有强烈的生活化色彩，在学生的生活中接触得最多的就是校园、旗杆、影子等常见事物，知道测量学生的影子长度和实际身高，但是旗杆的真实高度计算也是相当困难的，这就会激发学生的议论思维。同时值得一提的是，此次设计的情境问题还和教学内容有关系，并且融入了相似比和比例的概念，学生在议论的时候不但可以对抽象的数学概念有一些认识，还能拉近知识和学生经验的距离，对学生在议论中的思路和思维有一定的帮助。

（二）引导教学，提升学生的思维能力

在初中学生数学教学中应该注重课堂趣味性的创设，在设计课件的时候可以适当增加图片让学生更感兴趣。教师在讲课的时候要充分留给学生思考和讨论的空间，并且教师要作为引导方，引出话题让学生议论和群体讨论，最后再给出问题有价值的答案。引导教学要进行学材重构，以学情为基础在不超出学材内容的情况下进行重构，精准把握学材内容，实现提升学生整体思维能力的目的。

例如，学生在自主学习的过程中，教师要鼓励学生把自主思维表达出来，这样教师可以有效地指导和总结学生的思维。就拿在勾股定理的学习中，教师给学生提供了三角形纸板，三角形纸板的三边分别是3厘米、4厘米、5厘米；6厘米、8厘米、10厘米；5厘米、12厘米、13厘米；然后学生结合知识和实际纸板来思考。结果学生都验证了三角形纸板是直角三角形，然后又测量长度，并对长度之间的定量关系做论证。学生在群体讨论的时候就提出："长短两边的长度加起来就是中等边长度的2倍，也就是 $a+c=2b$。"这个学生的提议被其他学生否定，因为第三个三角形不符合这个关系。在激烈的争论中全班学生的思维都陷入困境,是因为初中生在平常都善于用加减乘除这样的基本方法来解答问题。这时候教师要善于观察学生在思维上出现的不足,然后教师伺机而动,引导学生拓宽运算思维,有助于提升学生的思维发展空间。

结语

初中生在固定的情境问题下,会参照自身的经验和学习材料来解答问题,议论引导教学法在数学教学中的应用可以拓宽学生的认知能力和解决问题的方法,并对学生的思维能力和自主创新能力的发展有帮助;坚持以议论引导教学法为主可以让学生在自主思维空间内不断突破和创新思维。因此,在初中数学课堂教学中应该基于学生认识事物的心理过程为出发点,教师要主导课堂节奏,引导学生自主学习和议论,给学生自主探究的空间。学生学习的过程是通过摸索不断印入大脑的,没有固定的方法,所以课堂教学要支持学生自主学习议论,就发现的问题深入分析和群体讨论,以对数学知识和概念有深刻的理解。

"自学·议论·引导"教学法在初中数学教学中的实践研究

兰州市第四十六中学　魏参林

一、让学生自学

"最精湛的教学艺术,遵循的最高准则是让学生自己提出问题。"就像美国教育家布鲁巴克说的那样,现在许多学生只会根据老师的要求做题、解题,不懂得提出问题,不懂得创新。巩固知识,需要通过解题来实现。解题这个过程对于巩固自己学过的知识来说是非常重要的。

要让学生懂得如何自主学习,需要教师的指导和帮助。教师需要设计导学提纲,模拟教学情境,帮助学生实现自学和探究。

(一)导学提纲的设计

因为教材的内容不同,有的教材内容比较多而且复杂,有些学生要分好几次来完成。所以老师既要因材施教,又要切合实际地设计问题。

(二)设计问题

在对教学提纲的问题设计的时候需要认真考虑,做好分类。

1. 一些基础性的知识需要让学生牢记,作为相关知识的基础,学生需要加深印象,所以不能拐弯抹角地抛出基础性的知识。

2. 一些专业性的知识,或者是研究深度比较高的知识需要学生认真地思考,组织学生们交流,给他们一些提示,让他们认真阅读教材上的知识点,对于这些问题的设定就不能局限于书本,需要教师利用自己的专业知识,开发出有新意,对学生有吸引力的问题。

(三)营造环境

1. 平等对待学生,推动学生热情

现在的学生都比较以自我为中心,所以需要让他们感觉被公平对待,才能发挥他们的潜力。要构建一种师生平等的氛围，发挥学生们的热情和活力，发挥他们的创造力。现在的学生好奇心很重、自尊心很强，要让他们对学习感兴趣就需要让他们感觉到被认可，满足他们的心理需求。感到轻松后他们就不会因为师生关系而感到拘谨。在一次教学过程中，有学生问我："这道二次函数的题目只有一个根怎么办？"在他提出这问题之后，我进行了计算。发现他算错了答案，但是我没有拆穿他，我在班上提议有人能解答这个问题就有奖励，并且对他进行了赞赏。我的这个行为就让班上的同学对于探究问题升起了浓厚的兴趣。

2. 注意复习旧的知识，分享有新意的案例

有趣的教学案例会大大地激发学生们的兴趣，自学前会有学生预习。要是提出的案例雷同就会感到很乏味。要学会随机应变，发挥自己的想象力。最好从一些生活中的热点事件，生活日常的小事中举一些例子，提一些问题。

3. 根据自己的提纲，对学生的学习进行引导

学生对自己所教的知识感兴趣就要把握良机，并且努力让学生学会解决自己的问题。设计提纲的时候既要有趣，又要贴近学生的生活，并且围绕着教材的重点难点进行展开，对学生的引导不能脱离教材。

二、让学生议论

在解题过程中，学会用到自己掌握的基础知识，答题经验，数学思维能力。让学生们进行讨论和议论之后，选择问题的解决方案。通过议论能改善课堂氛围，提高学生自主思考的能力。

在教学中鼓励学生举手发言，引导学生对没有把握的结论、容易混淆的概念进行探讨，学生在讨论中出现错误或者漏洞之后老师应该及时给予正确的引导，帮助他们解决问题。

例如在学习利用求根公式求解一元二次方程根的时候，我问他们一元二次方程的根有几个？解一元二次方程根的题目一般要把一元二次方程化为标准形式，正确地读出 a、b、c 的值，然后用根的判别式进行判别或者用公式直接求解，我告诉他们对数学题的解答是要有耐心的，要想得高分就必须思维正确、格式规范、过程完整，不能怕麻烦。要进行讨论，做到"一步一步，有根有据"，一定要有这样的数学思想。

三、对学生进行引导

在"自学·议论·引导"教学实施的过程中，通过调动学生的积极性让学生成为学习的主体，但是不能把学生带偏，这就需要老师的引导。

（一）指导学生解决问题

解答数学问题是很复杂的，需要大量的理论论证和解题技巧。即使在推行素质教育以后，依然有很多的教师在进行"填鸭式"教育。教师们要敢于创新，乐于创新。打破固有的思维模式，结合学生们的经验和自己的经验积极进行教学指导。在学习的过程中需要老师运用专业知识进行引导，帮助学生解决问题。在目前的课堂教学实践中，普遍存在把学生当作解题机器的现象。现实问题就是需要老师的帮助改善数学课堂教学的设计和实施过程。

（二）阅读指导

学生的语言能力对数学学习的影响极大，在课堂上强调数学阅读就是让学生主动获取信息，发展数学思维，学习数学语言。这样一改传统教学中教师代替学生阅读，代替学生思维，这种彻底一改以教为中心的低效的教法，必然能提高课堂效率。

例如学习"变量间的关系"时设计一系列的问题：

1. 通过课本和讨论，我们知道了几种变量间关系的表示方法？
2. 你能否用自己的话说明变量间的关系？
3. 对于变量间的关系，你还能举一些不同的例子吗？

在该环节中可适时对学生进行阅读指导，促使学生有效阅读教材，从而提高学生的学习效率。

（三）教学指导

教学过程中还要培养学生的兴趣爱好，有的学生并不喜欢数学。但是我们要给一些他喜欢的数学题目，这些题目可能符合他的兴趣和爱好，或者和生活实际紧密相连，人各有所长，但有教无类。

"自学·议论·引导"教学法在初中数学教学中的应用策略

兰州市第四十六中学　吴　芳

"自学·议论·引导"教学法引入初中数学课堂，改变了教师"满堂灌"的状态，提高了学生学习数学的积极性、主动性，学生从被动学习到主动学习，逻辑思维、创造性思维得到了很大的发展，数学成绩提升明显，而"自学·议论·引导"教学法与我校"智慧双课堂"教学有效结合，突破时空限制，使得师生互动、生生互动随时进行，先学后教，以学定教，利于教师精准掌握学情，极大提高了课堂教学效率。

一、"自学·议论·引导"教学法强调以生为本

要求学生自主学习、主动获取知识，强调学生的合作探究学习，"互联网＋教育"背景下的学生获取知识的途径多种多样，课堂内外教师的作用发生了很大的变化，要求教师要适当引导学生探究知识，引导学生探究学习方法，改变了传统的学法与教法，更要求教师根据学生实际与章节内容整合教材，提供有效学材，帮助学生在学习过程中形成完整的知识体系，将零散、碎片知识系统化、条理化，培养学生数学思想与数学思维，培养学生创造性思维。我校数学老师在具体的教学过程中，应用"智慧双课堂"线上线下融会贯通，突破时空限制的优势，将"自学·议论·引导"教学理念渗入数学课堂教学，效果喜人。

二、数学课堂教学中应用智慧双课堂"虚拟课堂"平台有效引导学生自学

基于互联网"虚拟课堂"平台开展教学活动。"虚拟课堂"平台，我应用网络学案、互动讨论、作业与测试、资源中心等模块，有效引导学生自学数学知识——及时推送导学案与教学资源，同时能引导学生进行自主学习，更重要的是能精准掌握

学情，进行针对性的指导，实现个性化教学。

课前：教师在线备课——制作网络学案，根据学习目标，教学活动环节，对应制作相应学习内容。教师通过网络学案发布预习导学案、课前测试及自学辅助材料（教学素材、动画教具、微课程），引导学生参与学习任务，明确侧重点及学习目标，网络学案功能之一主要指导学生在线自主学习。

学生按网络学案中的学习目标、环节要求、学习素材进行自主学习：观看微课、动画，完成预习环节的问题，提交学案。根据学案指导在互动讨论环节完成知识点的理解、归纳、简单地运用，连同自己的疑惑，拍照上传，师生评论。教师在线检查学案，提前精准掌握学情，以学定教，提高现实课堂教学效率。

三、数学教学中，处理好个人学习与合作学习之间的关系，灵活应用"三结合"教学形式

在个人自学的基础上，线上线下有效组织小组学习、全班学习，现实课堂解决学生在自主学习中出现的共性问题，引导学生探讨、探究、讲解、答疑、拓展，增强师生或生生间的互动、交流、讨论及情感交流，弥补只对屏幕无温度的冰冷感，了解学生的学习状态、学习态度，培养学生良好的学习习惯及自律性。

课后，根据课堂反馈，利用虚拟课堂平台上的作业与测试模块，发布分层作业（应用作业与测试模块在线自动批阅功能大量节省教师重复批改作业时间），及时反馈评价（应用作业与测试模块多项统计功能观察学生状态，检测学习效果）及时巩固、个性化辅导、查漏补缺，利用平台上的互动讨论模块，发布探究过程和结果，引申课堂内容。

四、基于"互联网＋教育"基础上的教学法

"自学·议论·引导"教学法打破了传统课堂教学下对时空条件的严格限制以及实时、多向互动等特点，便于各类学生充分参与到学习活动中来，便于开展针对性的个别化教学，便于学生潜力的深度开发，便于学生进行充分思考与充分表述，使得师生互动、生生互动充分展开，是一个让教师可以组织学生，自由开展多种多样的学习活动、可对学生学习的全过程进行管理并持续引导的虚拟空间，完全具备了先学后教、以学定教、以生为本的实施基础，使所有学生都有收获、都能发展，使学习主体性得到充分发挥与发展，在今后的数学课堂教学中将不断探索、创新，使

"自学·议论·引导"教学法惠及每位学生。

五、新教法、新技术日新月异

作为教师更应与时俱进，不应只局限于已有的方法和经验，墨守成规，原地踏步，而应积极主动通过各种途径学习新理念、新方法、新技术，教学相长，不断转变教学方式、转变教学理念，不断进行前沿探索，积累新的实践经验，推陈出新，最大限度提高教学质量和效果，实现学生综合素质全面发展。

探究初中数学"学材再建构"的实施策略和原则

兰州市第四十八中学　张　丽

初中数学和小学数学比起来，对学生的逻辑思维要求更高，理论推理知识更抽象。为加强学生对知识的理解，让学生能将这些知识前后有机地联系起来，更好地识记、理解和运用，我们必须对学材再建构。学材再建构以教材内容和学生为基础，根据教学目标和学情对教学素材的内容、呈现的顺序和详略，知识呈现的背景、方式、方法及学习的策略进行调整和重组，并且在引导学生参与知识的重新再建构的过程中，培养了学生积极进取、自主创新的思维能力和学习能力。

一、学材再建构模式的实施原则

（一）以学生的学习能力和基础为根本

对于初中生而言，数学是一门逻辑性较强的科目，在实施学材再建构模式时，需要考虑到学生的实际水平。比如，七年级学生刚开始由学习算术过渡到学习代数时，就需要把数的领域扩大，这就需要学生对之前学过的整数、分数、正数、负数等不同类型的代数知识重新认知，还要将这些数准确地进行分类，这是初中学习代数的基础。在对教材内容进行整合时，教师就要将这个章节的知识进行合理划分。我们可以把七年级《认识有理数》和八年级《认识无理数》放在一起作为单独的一个课时，这样可以让学生通过知识间的内在联系与发展而产生自己的猜想，进而提升自己的思维能力和拓展意识。针对基础较差的学生，教师还需要将小学数学中一些典型的知识融入进来，一方面强化知识，起到过渡的效果，以此让学生更加容易接受；另一方面让学生在老师的引导下自主地整理知识结构，接纳新知识并融入原有的认知结构中。

（二）以学生的知识结构和认知能力为基础

大部分初中教师认为，教师是课堂的主体，应该以讲授为主，否则教学内容将无法完成，从而不把课堂交给学生，学生只是被动地接受。这就造成很多初中生缺乏主动学习意识。而学材再建构模式的实施，首先要了解学生的学习能力，也就是学生拥有的知识结构适合什么样的建构方式，同时学生的认知能力也决定了学习材料重新建构的方式。比如在学习《认识三角形》时，教材中的学习顺序是：第一小节，三角形的定义、表示法、主要元素边角、按角分类和三角形的内角和及直角三角形的性质；第二小节，三角形的三边关系和按边分类；第三小节，三角形的三边上的中线和三个内角平分线；第四小节，三角形的高线。

我们在具体设计教学流程时，要注意由学生原有的认知结构和认知能力出发，将教材中呈现的顺序适当调整。我们可以设计为：第一课时，可以先让学生画图并尝试描述、概括、归纳得出三角形的定义以及三角形的主要元素边、边的关系及按边分类；第二课时，接着研究主要元素角、角的关系及按角分类；第三课时，研究三角形的派生元素特殊线段，即研究三角形的中线、内角角平分线和高线；第四课时，研究三角形的派生元素角，即研究三角形内角和外角和；第五课时，在三角形的基础上研究多边形的概念、多边形的内角和及多边形的外角和。这样的建构不仅让学生学会了知识，扩展了学生学习的空间，更重要的是初步体验了研究几何图形的一般方法，为以后的学习打下基础。

（三）把对学生思维能力和品质的培养作为目标

新课标背景下，初中数学教学的最终目的是培养学生的数学思维，提升其思考能力，帮助其培养良好的学习品质，这对其今后的发展具有深远的影响。在对学材进行再建构时，需要重视对学生思维能力的培养，以引导学生深入思考为目的，帮助其掌握科学有效的学习方式，促进学生对知识进行深入研究，从而提升探索能力。

比如，学生在小学里学习了"几何初步知识"，对直线、射线、线段、角等简单的几何图形已有一些初步了解，但只侧重于计算。而初中平面几何的教学侧重研究几何图形的表示和性质，培养学生的逻辑推理能力和演绎推理能力。针对这一情况，我们把"直线、射线、线段"作为一个学习单元，"角"作为一个学习单元，着重研究图形的画法、表示法，图形的性质及应用等。这样就构成系统的学习体系。我们还可以按照数学思维或者思考的方式来构建学习单元，如"代入法""反证法""换元法"等，以一个专题作为一个学习单元比较适宜，便于学生深入研究，训练思维，熟练掌握，灵活运用，促进学生对学习方法的掌握，让学生在探索、整理和比较过程中，厘清思路，促进思维的成长。

二、学材再建构模式的实施策略

（一）教师自主建构

教师首先应改掉以往的灌输式教学方法，采用"自学·议论·引导"教学法，循序渐进地引导学生主动提问，启发学生思维，点拨疑难、指点方法，让学生自己会学、学会。例如，在讲解八年级轴对称的知识时，针对新知识的引入，教师可以将轴对称和不是轴对称图形的知识进行整合，构建比较式的教学模式，引导学生进行思考。当然我们要考虑到学生实际能力和水平，将教学过程分为循序渐进的几个部分，并树立阶段性的教学目标，在促进学生不断思考的过程中，提升探索能力。比如，可以先叫几位学生在黑板上粘贴自己提前做好的一些日常生活中常见的几何图形，然后教师将这些图形归为两类：一类是轴对称图形，另一类不是轴对称图形。由于教师事先并没有介绍轴对称的概念，学生看到老师这样归类，肯定会产生疑问，此时教师可以引导学生将心中产生的疑问全部提出来，有的学生会问：老师为什么要这样归类呢？老师可以回答：因为其中一类是轴对称图形，这时又有学生会问：老师，为什么有的图形沿着中线对折左右两部分可以重合，有的沿着中线上下对折可以重合，有的沿着对角线对折可以重合，它们是不是都属于轴对称图形呢？在对不同图形的观察和比较中，对学生进行适当引导，让学生在学习新知识前就对所学知识展开了不同方式的提问，把学生的学习兴趣激发起来。学生对所学知识产生了兴趣，自然而然就会带着疑问去学习。同时，通过学生自发的提问、老师的正确引导，激发了学生对知识探索的渴望，培养了学生的探究能力。

（二）学生自主建构

学材再建构模式不仅是一种新型的教学方式，对学生来说也是一种科学的学习方法。学生在自主建构的过程中，首先，要对新旧知识进行整理，在巩固旧知识和学习新知识的过程中，学生的知识体系也在不断完善。比如，在学习三角形的知识时，学生就要对角、线段等相关知识进行回忆，这样才能进一步区分等腰三角形、等边三角形、直角三角形等特殊三角形。其次，学生在进行知识建构时，要学会对知识进行梳理，比如这些特殊三角形的定义、性质、判定和应用方法，同时，教师也可以帮助学生构建知识体系，为学生收集更多有效的素材，加强学生对知识的记忆、理解和运用。最后，在一个知识章节学习完成之后，学生还要通过回忆和梳理的方式，根据自己的理解重新进行知识建构，进行巩固，从而检验自身学习的效果，实现自我评价和反省。

（三）师生共同建构

学材再建构不只是教师对教材进行重新组合和调整；在"自学·议论·引导"教学法中，学生同样要努力成为再建构的主体。教师要千方百计创造条件，把这样的学习权利更多地交给学生，促进学生成为再建构的主体。一开始让学生自主地对学材进行再建构，这确实有难度，但教师可以引导他们，示之以法，让他们实践，在师生交流中，指出不足，让他们慢慢改进，由此让学生从不会走向会，从陌生的建构者逐步成为熟练的建构者。在学生尝试建构的实践过程中，他们会出错，建构得不完整，我们无须担心，我们只需要加强引导，让学生在生生交流中取长补短，长此以往这样训练下去，他们会逐渐形成整体观念、结构意识，这才是最重要的，有了这样的观念和意识，这对于他们今后系统地学习数学知识，以及用发展的观点看待具体的数学知识、看待整体的知识结构都是大有益处的。概括说，我们要通过"教结构"而让学生学会"用结构"。

学材再建构是"自学·议论·引导"教学法的三学之首。学材再建构是学法三结合的操作平台，学材再建构是学程重生成的感悟之源。学材再建构扩展了学生学习的时间、空间，扩展了学生独立学习时的活动范围，为课堂教学方式的改革创造了条件。掌握学材再建构的策略和原则是学习和践行"自学·议论·引导"教学法的首要任务，我们要在教学中不断实践，勇于创新，让"自学·议论·引导"教学法在教学中生根、开花、结果，让千千万万学子受益。

初中数学课堂中学生自学能力的培养

——"自学·议论·引导"教学法的应用

华美实验学校 赵海平

随着教学理念的不断转变和教学方法的不断更新,李庾南老师的"自学·议论·引导"教学法在全国中小学界得到了广泛的应用,在初中数学教学中起到了指导性的作用。作为一名"自学·议论·引导"教学法的学习者、实践者,根据我校初中数学教学的实际情况,就"自学·议论·引导"教学法在数学自学课中的应用情况做以下总结。

一、创设情境激发兴趣,引导学生独立自学

美国著名心理学家布鲁纳说:"作为一个学习者,需要的是对知识获取的主动参与,而不是机械、被动地接受。"新课标也提出:"学生是学习和发展的主体,是学习的主人。"教师在教学过程中首先要转变观念,要把教室变为学室。要充分认识到学生的个体差异性,树立以学生为本的意识,要以发展的眼光看学生,让学生自己决定自己学习的进程轨迹,从而达到自我调节,自我体验自主学习的境界,使学生在自主学习过程中学有收益,提高自身的素养。

例如,在学习"菱形"时,老师在课堂上要求学生按下列步骤进行探究学习:①课前准备一张矩形纸片;②尝试性地用矩形纸剪出一个菱形;③通过观察、测量等方法,分析菱形"边""角""对角线"的特点;④小结学生自学结果。采用这种独立思考、阅读、制作、实验探究、反馈总结等独立学习的方式,便可培养学生自主学习的独立性。

同时,学生对于比较贴近他们实际生活、与他们实际需求相吻合的事物充满着极大的兴趣。教师在课堂上设计一些贴近学生生活、学习的题目,并且进行现场模拟,必然会迅速吸引学生的注意力,让他们精力充沛地投入学习中去,极大地激发

学生自主参与和自主学习的欲望，培养学生应用数学的意识，提高解决问题能力。

二、科学分组、合理分工，促进群体自学

科学分组、合理分工是小组合作学习顺利开展，是发挥小组学习功能的前提。我们应该根据学生的智力水平、认知基础、学习能力、心理素质等进行综合评定，然后按照"异质同组，组间同质"的原则进行分组，每小组4～6个人，既能保证优势互补，又便于开展公平竞争。同时还要注意教师的角色不要只局限于讨论的组织者，教师如果能经常性地参与到学生的探讨之中，和他们一起学习，并指导他们如何发表自我见解，或者以自己的发言暗示诱导学生如何发言，教给学生如何说出自己的观点，尤其是多和学困生一起讨论，逐渐培养他们发言的习惯和兴趣，这将会给教学带来意想不到的收获。

例如，在学习探索圆与圆的位置关系时以小组讨论的群体自学方式进行，步骤如下：

1. 教师创设情境，比较老师手上两个圆的位置关系。

2. 明确学习目的（1）利用手中的圆，以自己喜欢的方式比较一下圆与圆有什么位置关系；（2）各组组长做好记录，将结果记录到记录单上；（3）动作迅速、分工合作，比一比哪个小组用时最短，最先完成。

3. 学生实践，教师参与。

4. 小组交流活动结果

组1：我们组使用的圆，比较的结果是圆与圆有相交的位置关系。

组2：我们小组得到的是圆与圆有相切的位置关系，其中包括外切和内切。（学生边交流，边展示操作过程）

组3：我们组得到的结论是圆与圆之间有不相交的位置关系，包括外离和内含两种情况。（学生展示图形）

组4：我们组对第3组结论有补充，圆与圆还有同心圆的关系，就是它们圆心是同一个点，动手半径不相等的时候，同时给大家示范。

有效的数学学习活动不能单纯地依赖模仿与记忆，动手实践、自主探索与合作交流是学生学习数学的重要方式。在教学过程中要十分重视对学生的实践操作训练，让学生在实践中感知，通过自己的努力解决问题、获取知识。在这一环节中，将学习主动权交给学生，在这样的学习中合作，学生们不是为了合作而合作，而是为了

验证自己的猜测而进行合作，这样既发挥了学生的智慧，同时也使学生认识到合作带来的快乐。

三、个群结合、练议为主，激发学生思维

通过前面的个体自学、群体自学两个环节，学生对基础知识已有了较系统的理解和掌握。这是教师对于一些综合性较强、较为灵活、有一定难度的习题，通过教师相机引导，学生边议边做，及时反馈，相互学习，促进知识向技能的转化和自学能力的提高。同时针对不同层次学生的个性化要求，编制适合于不同学生数学潜能开发及思维能力方面的训练教材，进行强化训练学生，如举行"一日一赛""分组对抗""一题多解或一题多变"等形式的训练，加强个体与个体，群体与群体之间的相互竞争，促进学生的自学能力和思维训练。

通过科学合理地使用教学素材进行一题多解，较好地培养学生思维的广阔性、独立性和创造性，促使学生形成良好的思维习惯和品质，为培养学生的自主学习和创新思维能力创造更好的环境。

总之，在初中数学教学中，"自学·议论·引导"教学法，能够培养学生自主学习、群体探究的合作精神和积极探索、大胆创新的能力，充分认识到自主学习能力的重要性。同时尊重学生的主体地位，调动他们养成主动参与自主学习的习惯，为学生终身学习和未来发展打下良好而坚实的基础。

"自学·议论·引导"教学法下初中生学力培养的策略研究

兰州市城关区青白石中学 霍庭芸

随着时代的进步和全球教育的发展，新时代的学生不仅需要具备充足的知识储备更需要具有自主获取知识的能力，即学力。学力是教育情境下学生学习效果和教师教育质量的重要体现，又是衡量一个人综合发展水平和持续发展的重要表征。"教育的任务就是有效地发展学生的学力，因为学力是学生发展的旨归。"特别是学习型社会的到来，终身学习与终身教育已经是时代要求，学力作为适应与创造的基础动力，已经越来越凸显出重要作用和发展强势。因此，培养和发展学力，应该是教育尤其是教师责无旁贷的任务。

一、学力的内涵

"自学·议论·引导"教学法是李庾南老师创建于1978年，经过33年的实验研究而得到的研究成果。其核心理念是以学生为主体，在师生、生生互动合作中学会学习并促成自主发展，这一理念与实践同核心素养培养"全面发展的人"的目标是一致的。李庾南老师及其团队对初中学生学力的关注和研究始于21世纪之初，在深化教育改革、深入推进素质教育、全面实施"新一轮"课程改革和拓展深化"自学·议论·引导"教学法内外需求的共同作用下，开展了"初中学生的学力及其形成"（江苏省教育科学规划项目"名教师专项"2002—2005）和"初中学生学力发展与评价研究"（江苏省中小学教学研究第六期重点课题 2005—2009）两项课题的实验研究，在省内外专家学者的指导下，李老师及其团队虚心吸取中外学者有关学力的研究成果，及数十年初中数学实践探索的丰富经验及其锲而不舍、持之以恒的理论学习积累，提出了"初中学生学力发展"的一些新观点。

李庾南及其团队认为学力是指学习者借助一定的教育环境、教育资源和积极的教育实践活动，在内在素质和外在行为方面获取的实际效果，包括显性的成绩报告和隐性的能力、人格素养。学力区别于学历，侧重于学习过程中所形成的自我获取、自我建构、自我发展、自我超越的知识、态度、能力等的总和。

二、学力的构成要素及基本结构

学力的构成要素为态度、知识、思维能力及良好的人格，其中态度为基础、知识为支撑、思维能力和良好人格是它的核心。

（一）从横向结构，即内容分析来看，学力主要由学识、能力、心理三要素构成。

1. 学识要素，主要指以认知为基本特征，包括基础性、工具性和专业性方面的知识和技能。

2. 能力要素，特别强调人在一切活动中所必需的基本能力和学习行为相结合，形成良好的学习能力。这种学习能力，不仅包括科学的学习方法、良好的学习品质，还包括修德养性、求知健身、实践创造以及收集、运用和开发各种信息资源的综合性本领。

3. 心理要素，即具有良好的情感、意志、态度、价值观等心理品质。认知因素和情感因素是学习过程中两个同等重要的因素，它们之间是互动的、统一的、不可分割的，其中情感是生成学力的基础。

（二）从纵向结构，即层次角度分析，可分为基础性学力、发展性学力、创新性学力三个方面。

1. 基础性学力，由各学科教学中听、读、写、算等基础能力综合形成，对人的发展、提高具有奠基意义的学力。且前一阶段学习生成的学力是后一阶段学力发展提高的基础，故相对后阶段学力而称"基础性学力"。

2. 发展性学力，指在前阶段形成的学力基础上提高发展，并且已成为现实的，而且还处于不断发展、提高状态的学力。

3. 创新性学力，指态度主动积极、思维灵活发散、主动探究生成新知识的一种学力。著名未来学家阿尔温·托夫勒称之为"未来学力"，认为这种"未来学力"是"第三次浪潮"的产物，首先表现为创造力，是机械办不到的处理新情境中的问题的能力。因而这种"创新性学力"，是一种比较"发展性学力"更具有挑战性、层次更高的学力。

三、促进初中生学力培养的策略

（一）良好师生关系的建立是培养学力的前提

新课程改革倡导变革学生的学习方式，倡导自主学习、合作学习、研究性学习。学习方式变革的目的与实质是学力发展，课堂教学应以学生学会学习为核心，而学生"学力"的形成，是一个自主内化的过程，在这个过程中，既有外在识记的内化（符号性内化），又有内在态度倾向的自增值。促成内化，是教师帮助和引领学生经过学习形成并发展学力的极为重要的"基础性工作"。以学力发展为核心建构的课堂应是生态化的课堂，在这样的课堂里学生才能主动地、生动活泼地学习和发展，而生态化课堂建构，需要良好的师生关系作为基础前提。因此，学生学力发展的培养促使教师改变传统的师生关系定位，可以说，学力发展不仅改变了学生，也提升了教师的专业理念和专业能力。

（二）引导学生独立自学是培养学力的基础

初中阶段是学生形成稳定人格的重要时期，也是他们养成学习习惯的重要阶段。相比较小学，初中数学对逻辑性、抽象难度的要求明显增加，致使许多学生步入初中后表现出明显的不适应，跟不上教师的课堂进度，理解困难，这也促进不少学生产生了逆反心理。而在"自学·议论·引导"环节，教师可以根据青春期初中生的学习和性格特点，深入挖掘教材内容，结合实际情况设置一定的情境，将抽象问题形象化，启发学生的思维，进而引发其探究的欲望。初中生在情境中学习，注意力会被吸引，进而形成自己的数学思维，最终达到掌握教材内容的目的。在自学环节中，教师不能放任学生自由思考，使其没有学习驱动力，进而达不到理想的学习状态。

（三）均衡搭配，实现学习小组的有效讨论是学力发展的主要途径

在"自学·议论·引导"教学模式中，讨论是激发学生思维，引导探究的主要途径，学习小组作为讨论的主要形式而至关重要。学生的学习成绩、性格特点、思维习惯等都是分组时该考虑的因素。不同水平的学生在讨论问题时会出现不同的观点，这有利于他们知识碰撞，发散思维，出现错误的学生会加深对教材相关内容的理解，从而提高自己的逻辑思维能力。通常女生擅长形象思维，可以很好地完成课堂练习，男生擅长逻辑思维推理，男、女生一组能够形成不同思维的碰撞，最终达

到优势互补的目的。另外，每组设置小组长，一般每组人数以4~6人为宜，人数过多则效率降低，人数过少则缺乏互动，不同学生之间的交流和互相帮助不但可以减轻老师的压力，更有助于学生自信心和学习兴趣的激发，对学生学力的发展起到很好的促进作用。

如，关于"直线、线段和射线"这节课的讲解，笔者要求学生以小组的形式分工合作，完成PPT的制作，讲解，补充习题演练等环节。学生课后先自学课本，然后积极收集资料，讨论修改课件，到课堂展示时完成得非常出色，在整个过程中，小组代表讲解完会有本组内其他成员的补充，也有其他组学生提问质疑，每位同学都参与其中，而且大家对自己完成的课件理解得更加深刻。学生的主体地位得到充分发挥，教师只作为引导者，通过生生互动、师生互动，学生利用类比思维很快就能掌握相关的概念和结论。

（四）引导探索，对学生学力的发展必不可少

在课堂自学环节，学生会出现一些疑惑、难题，通过小组内讨论、组间交流并未得到完全解决，此时就需要教师进行引导，让学生深度分析题意，从而寻找到突破口。同时，教师可以根据往届学生易错的知识点选择一些典型习题让同学们进行练习，仔细辨别易错点，通过他们深入思考、总结前人的学习经验，达到对知识的全面理解。而在这个探究的过程中，师生之间的良好关系得到进一步加深，师生间的距离得以拉近，形成一个良好的发展循环，也为学生的学力发展创造良好的基础环境。

"自学·议论·引导"教学法注重学生知识体系的建构，这是建构主义理论实践化的很好体现，初中阶段的学生是归纳概括能力形成的关键阶段，却又没有能力独自完成对某一知识的整理概括，因此，教师的引导至关重要。教材中的内容都是依照课时将知识细化，这就导致学生的知识是零散的，很难形成完整的知识体系。"自学·议论·引导"教学法强调打破教材课时的桎梏，关于某一个知识点及与此相关的知识内容，以概念图式或思维导图式的板书给学生一个整体的呈现，不求深入，但求完整，在此之后再对每个知识点逐个深入练习讲解。

例如，在讲二元一次方程组时，第一课时由一元一次方程引出二元一次方程，进一步引出二元一次方程组，在这里必然涉及简单二元一次方程组的求解，因此笔者认为有必要将代入消元思想和加减消元思想渗透给学生，这样不但消除了学生如何求解的疑惑也为下一课时的学习打下基础，更有助于学生构建完整的知识体系。

（五）优化评价机制是促进学力发展的催化剂

学力发展必然涉及教学评价改革，该研究认真面对既有的教学制度，以学力发展为根本价值取向，努力改革评价制度和方法，同时评价制度和方法的改革又切实有效地推动了学力发展，形成了正确的质量观和评价观。"自学·议论·引导"教学法侧重学生自学能力的发展，当然评价也应该对应向过程性评价侧重，在学生参与学习的思考、合作、探究中予以点评。对于这一方面，教师在教学过程中可自己制定详细的评价量表，确保关注每位学生的课堂学习动态，从而给予准确到位有效的评价，评价的有效性也是学生学习习惯、学习行为得到准确指导，从而取得进步的关键。

自 1979 年起，"自学·议论·引导"教学法的课题，连续进行了初中全阶段的三轮实验。"自学·议论·引导"教学法的主旨之一是探索对自学能力的理解和培养问题，即学生学力的培养，学生的"自学"是在教师引导下，积极、主动、自觉地获取信息，交流信息并内化信息的过程，在这一过程中，需要采用多种手段调动，创设情境→合理搭配→相机引导三个教学环节，开发学生创新能力，构建具有自主性、生成性、开放性、发展性的学力发展性课堂。在教学方法上，将"自学·议论·引导"教学法的实验推广成果运用到发展性课堂构建之中，贯穿自主学习、群体议论、相机引导三个基本环节，灵活运用个人学习、小组学习、全班学习三种基本方法。在教程设计上，主要表现为一是根据课程标准及学生学习基础，制定适切的教学目标；二是发挥教师的自主性、创造性，整合开放、生成、发展的教学内容；三是在"自学·议论·引导"中创设自主、合作的课堂氛围。作为一名"自学·议论·引导"教学法的实践者，更需努力践行教育理念，探索其更多地运用思路，努力提高自己的业务水平，帮助初中生快速成长。

探索教改前沿，促进融合发展

——智慧课堂与"自学·议论·引导"教学方法相融合的实践探究[1]

兰州市第五十六中学　苗承恩

建设高质量教育体系，立足学校管理理念、教育教学方式改革、教育信息化建设纵深发展，真正意义上提高教育教学质量，如何努力让教育信息化变为现实，怎样在"互联网＋"背景下追求学校教育教学的变革，是我们深度思考并在实践探索中寻求突破的抓手。现就本人工作中优学派智慧课堂的教育教学实践，谈谈推进信息技术与教育教学深度融合的经验与几点思考，力求通过信息化应用提高学生信息化学习能力和教师信息化教学能力，提高教育教学管理精准化水平，推动教学理念、方式和内容改革，破解教育发展过程中的难题，为切实推动教育现代化做出努力。

一、背景与探索实践

本人所在学校是本地区优学派智慧课堂的试点学校，同时又是李庾南"自学·议论·引导"教学法的实验学校，学校秉承以先进的技术和理念指导教学，以"先学后教，精讲多练"为教育教学的宗旨，构建多元化的教学模式，积极探索互联网背景下的现代化教育。将"自学·议论·引导"教学法与智慧课堂模式相结合，实现"互联网＋教育"教学创新模式。作为李庾南"自学·议论·引导"教学法的实验学校，在学校整体推进信息化建设，提升教育教学水平的有效组织下，先从数学学科开始通过智慧课堂的教学手段融入李庾南"自学·议论·引导"教学法，辐射到其他学科，取得了良好的教学效果。

项目推进的教师团队把智慧课堂推进工作分为落地启动—探索运用—深化应用—总结推广四个阶段，从而制订项目研究的实施方案，积极尝试搭建集学习资源、

---

[1] 本文是"自学·议论·引导"教学法兰州地区研讨会上的交流材料。发言人苗承恩，兰州市第五十六中学校长，高级教师。

移动终端、学习平台为一体的开放、互动、共享的数字化教育模式，构建数字化学习环境，尝试一种新的"教"与"学"的变革，从而真正做到为每一个孩子提供个性化和无处不在的现代化教育。学生和授课老师拥有自己的电子书包、独立的账号，管理部门每周对语文、数学、英语学科授课老师统筹安排授课时间，定期召开智慧课堂推进、总结会议。"优学预习，智慧可视导学；优学互动，智慧人机对话；优学反馈，智慧数据课堂"的智慧课堂教学特色，是卓有成效的经验和成果。

二、基本认识与思考

1. 智慧项目、优化师资。现代信息技术在教学中的应用，为教师与学生搭建了一个共同合作、教学互助的平台，是教学的助动力。请相关智慧课堂专家对参与项目老师进行集中培训，甚至一对一辅导，与老师共同备课，完成教学设计，深入课堂，指导老师如何使用软件、解决老师在使用时遇到的困惑。教师利用丰富的信息化技术开展智慧课堂与"自学·议论·引导"教学法相结合的教学活动，引导学生进行互动讨论，开展小组协作、提交成果并展示。通过展示进行问题诊断，得到实时反馈。有效地甄别出需要"精讲"的内容。将原来的"由教定学"，变成了现在的"由学定教"。使教师从传统课堂中的知识传授者和管理者变成学习的服务者和促进者。课堂教学逐渐形成引导自主学习、鼓励自主探究、强化成果展示、注重交流讨论、完善评价反思为特点的教学流程。在智慧课堂与"自学·议论·引导"教学法相结合的教学活动中，教师有四大改变：即由重知识传授向重学生发展转变；由重教师"教"向重学生"学"转变；由重结果向重过程转变；由统一规格教育向差异性教育转变。

2. 探索运用、学生受益。智慧课堂与"自学·议论·引导"教学法的结合，极大地丰富了教学资源，有效提高了学生学习积极性，给学生提供更大的发展空间，为每一个学生提供了展示自己的舞台；优学派电子书包提供的便捷学习资源，能更方便地实现师生互动，为孩子学习提供了新的学习途径，新的学习方式。智慧课堂与"自学·议论·引导"教学法的结合，很好地激发学生学习兴趣，让学生处于学习兴奋状态，使学生对新知识有强烈的期待。以智慧课堂为手段，通过生机协作，师生探究，达成课堂教学任务，提高课堂教学效率，培养学生独立学习能力。教学过程中所使用的电子书包在信息网络化环境提供的文字、影像等资源的共享，提高学生参与兴趣，达到理想教学效果。同时引导学生健康上网，合理使用学习机。提高了学生有效收集、整理、应用信息的能力。从而达到了培养学生依托网络自主、探究、合作的新型学习习惯，提高了独立学习能力的目的。所以，我们说智慧教育的实践，学生是最大的受益者。平台的使用使学生们完成作业的质量明显提高，学生们也都很乐意、积极地完成作业。学生在学习中得到成功的体验，综合能力也在活动中得到了提高。

3. 深化应用、优化教学。优学派平台通过总结和评讲学生"课前自学"检测情况作为上课的接入口，突出重点、突破难点，利用电子书包进行随堂检测，通过课堂测试，即测、即评、即导能，迅速了解全班同学的知识掌握情况，就重难点和易错题着重进行讲解分析和巩固拓展，提高课前、课后两个环节的时效性，展示智慧课堂与"自学•议论•引导"教学法相结合的"学、测、评、导、展"五个步骤。"两环五步"的实施提升了课堂的宽度和深度，让老师的教学管理更高效，让教学更轻松、让学习更快乐、让沟通更便捷。智慧课堂与传统课堂最直观的对比就是对于教学效果的及时反馈。每个学生在不同的智力水平下，所收获的知识和技能是有差异的，利用智慧课堂的数据反馈功能，能清晰地看到学生的收获曲线，能收集学生整体情况和个体差异的数据。教师通过对数据高峰值和低谷值的分析和比对，在讲解的环节中，精准地把握教学的短板、把握学生的所需所求，进行个性化的、科学的课堂讲练，建立科学的、务实的课堂。在大数据和小数据的催化作用下，实现课堂的精讲。

4. 总结推广、发挥效能。为有效推动和提升中学教育信息化和智慧课堂应用的深度开展，更好地探索智慧课堂及"自学•议论•引导"教学法相结合在教学中的创新应用模式，适时开展"优学派"智慧课堂＋"自学•议论•引导"教学法交流研讨活动。授课教师充分将"优学派"智慧课堂和"自学•议论•引导"教学法相结合，主导课堂进程，把握教学环节，学生踊跃发言，气氛活跃，完美展现智慧课堂与"自学•议论•引导"教学法相结合的"学、测、评、导、展"，呈现信息技术与教育教学深度融合的高效课堂。借助智慧课堂网络学习空间校际间交流观摩研讨活动，运用"自学•议论•引导"教学法，通过同课异构的形式，直观地展示学习智慧课堂新模式的成果，体现"互联网＋"教育教学创新实践的主题。优学派这一强大的教学平台，融合李庚南"自学•议论•引导"教学法，促使学生独立获取知识的能力、系统整理知识的能力和科学应用知识的能力不断地提高。教师的教学方式和学生的学习方式必将发生很大的变化，学生自主学习的习惯逐步形成，课堂教学轻松愉快而成效显著。搭乘优学平台、构建智慧课堂、深度融合先进教学法的教

71

学模式使学校的传统教育理念改进提升，推动教育教学业绩稳步提升。创新释放活力，智慧铸就辉煌。探索教育教学改革的前沿，使我们看到了"互联网＋教育"大数据时代为标志的未来教育曙光和发展的希望。

5. 追求卓越，不断进步。新时代新要求，在教育改革发展迅猛推进的今天，我们应转变教育理念，摒弃旧的束缚学生个性和综合素质提升的教育教学模式，与信息化教育思维接轨，胸怀世界，放眼未来。扩大智慧课堂教学的规模，在短期内把实践经验升华到实践运用，完善修正，普及提升。有计划地增加信息化教育基础设施，为教育信息化的正常运转打好基础。广泛交流学习，提高教师信息化教育教学的综合素养，为教育信息化时代的到来做好人才资源的储备。从培养学生核心素养角度出发，引导学生具备接受现代化信息化教育的思想准备，并辐射到家庭、社会，营造良好的现代技术教育信息化的氛围。

总之，"明者因时而变，知者随事而制"，教育信息化时不我待，探索教改前沿，提高教学质量，须加快节奏，超前谋划。认清形势，厘清思路，明确责任，在习近平新时代中国特色社会主义新思想的指引下，我们在行动，也将不断努力，奋斗进取，取得优异成绩回报社会。

浅谈"自学·议论·引导"教学法与小组合作教学法的融合[①]

兰州市第十中学 杨 磊

现如今,随着新中考新高考的全面实施,我国的教学方法也随之发生变化。"小组合作"教学法是一种使用较广泛的教学法,但是通过课堂教学实践,发现在小组合作学习中存在一些问题,如何使我们初中数学课堂教学越来越符合新时代教学的要求,我们需要思考,需要借鉴。李庾南的"自学·议论·引导"教学法与"小组合作"教学法的融合,对于提高课堂的有效性,推动素质教育的实施有着重要意义。

正文:早在 20 世纪初,人们就对小组活动产生了兴趣,至今仍在不断探求。"合作学习"也是 2001 年新课改以来比较倡导的一种课堂学习方式,但在实际教学过程中,小组合作学习中的一些问题也逐渐暴露出来。

一、"小组合作学习"的问题

1. 小组合作学习前缺乏必要的准备和明确的分工,小组讨论中,学生发言随意,没有中心,在有限时间内往往不能将问题讨论清楚,浪费了大量课堂时间。

2. 小组合作学习中教师设定问题内容过于简单或者过于复杂,学生同时缺乏讨论的策略及方法,合作时,无所事事的现象大量存在。

3. 学生间的差异导致合作学习成了优等生的表演舞台,相对而言,学困生则往往被忽视,无形中失去了思考、发言、表现自己的机会,使得合作学习流于形式。

4. 小组活动占用教师讲解时间,课堂气氛热烈,学生重难点掌握不准。教师的引导、点拨不到位。有限时间内,小组探索不出答案,总结不出规律。

[①] 课题名称:"自学·议论·引导"教学法与本校现有教学模式的融合探究(课题立项号:GS〔2017〕GHB2443)。

二、分析产生原因

作为一名一线教师，在反思每堂课的教学过程中，尤其在小组合作学习环节中都会发现存在着以上这些问题。自从学习了李庾南"自学·议论·引导"教学法之后，也有幸参加了"自学·议论·引导"教学法的观摩课和示范课的活动。从学习和实践的过程中，我也逐渐找到了以上问题的根源和症结所在。这些问题产生的根源与教师以下三个方面有关。

1. 教师在上课前要有充分的准备。这就是我们说的上课前要备教材，备学生。作为一名一线教师必须精通教材，做到融会贯通，深刻理解数学课程标准规定的教学任务和要求，在备学生环节中，不仅要掌握学生的学习水平、学习能力、学习方法和学习情感，教师还要注意学生的自学基础、自学能力和进行小组讨论的能力和知识储备。

2. 小组合作学习中，"合作"是"学习"的方式，"学习"是"合作"的目标和内容。在组织实施"合作学习"的过程中，不能光看重"合作"这种形式而忽略了"学习"这个核心内容，学生缺少实实在在内容的自主自觉的思维活动，合作学习流于形式，达不到学生"学会"和"会学"的目的。

3. 教学过程中，智力因素和非智力因素相互影响，相互促进地发挥作用。教师在教学过程中注重发挥指导、引导、辅导作用，极大地调动智力因素和非智力因素，统筹、协调、有效地开展智力活动和非智力活动，调整好教与学的关系。有效提高教学质量。

三、具体解决方法

以上三个方面的问题正好契合李庾南"自学·议论·引导"教学法的三个基本环节——自学、议论、引导。

自学也称为"独立自学"。强调学生调动自己的各种感官，以思维训练为核心，独立地开展学习活动，关键是学生的积极思维和独立思考。有"阅读""倾听""演练""操作""笔记"等形式。这种自学实际是将主动权交给学生，而且让学生发挥主体能动性和积极创造性。激发出内驱力，实现学生自主学习。

议论也称为"群体议论"。是生生、师生之间开展小组或全班的交流讨论。它是合作学习的基本和主要形式。教师通过议论形式推动合作学习。教师要把握议论时机，更要把握住议论内容的深度和广度，通过问题串有层次地将议论引向深入。这样真正的合作学习才能实现。才能达到高效的小组合作学习。

引导也称为"相机引导"。学生是在教师的引导下自己学会，在学会中达到会学，在会学中既习得知识和技能，又掌握了过程和方法，更发展情感。而最高效的小组合作学习任务能够让学生使用他们在教师示范和引导式教学中学到的东西，教师要让学生做好独立学习的准备，这才是教学的终极目标。

在这三个环节中，"独立自学"是基础，"相机引导"是前提，"群体议论"是枢纽，三者相辅相成，融为一体，贯穿着整个教学过程。

李庾南"自学·议论·引导"中的"议论"其实就是合作学习的一种形式，它的本质就是学生之间、师生之间彼此交流、探索、取长补短、集思广益的过程，也就是一个合作的过程。但"议论"又对合作学习有所发展，在整个教学过程中，教师的角色不仅是学生学习的促进者和合作者，也是合作学习课程的设计者和学习者。是学生潜能的发现者，同时也是学习过程的反思者、研究者和学习者。教师对宏观的调控为学生高效率和高质量的学习活动提供了良好的基础。总之，"小组合作学习"和"自学·议论·引导"教学法并不矛盾，反之融合和借鉴李庾南"自学·议论·引导"教学法，能够逐步提升数学课堂教学的效率，改变数学课堂教学策略，进一步提高学生初中数学的学习兴趣。使得数学课堂教学模式更加优化。

导向教学法在初中数学教学中的应用

兰州市第五十六中学　王　晶

在初中数学课程改革的大环境之下，教学法不但强调服务于课堂教学，而且重视导向教学法在课堂教学中的应用。在初中数学课堂教学中，教师通过运用导向教学法既达到落实课堂教学目标的目的，又能有效地培养学生的自主学习能力。本文主要从李庾南老师的"自学·议论·引导"教学法、问题导向教学法和兴趣导向教学法三个方面来探索导向教学法在初中数学教学中的应用。

一、"自学·议论·引导"教学法

（一）"自学·议论·引导"教学法的主张

"自学·议论·引导"教学法是由李庾南老师所提出的，其教学主张是建立在数学教学实践基础之上的，是从学生课堂学情的实际观察中所得出的，对初中数学课堂教学产生积极的影响作用。

1. 改进学生的数学学习

"自学·议论·引导"教学法的核心内容是改进学生的数学学习。在初中数学课堂教学中，教师不仅仅是引导学生习得自主性学习，而且指导学生能享受到数学学习的精髓，为学生创造性地数学学习奠定基础。

2. 指导学生学会数学学习

在课堂教学活动中，教师指导学生如何学会数学学习，旨在通过数学学习达到促进学生整体性的发展，既体现在对学生活动力的激发方面，又体现在对学生思维层面的培养方面。

3. 提升学生的数学学习能力

数学课堂教学提升学生的数学学习能力主要体现在对学生数学思维能力的培养

方面，使得学生具备数学的研究能力。

4. 教师的教与学生的学

遵循"以学定教"的基本教学原则。一方面，教师的教学为学生的学习提供支持与服务；另一方面，协调好教师的教与学生的学二者之间的关系，以体现出新课程改革的客观要求。

(二)"自学·议论·引导"教学法的特点

1. 挖掘学生的潜能

在"自学·议论·引导"教学法中，教师在提升学生学习内在兴趣发挥出学生学习主体性的基础上，对学生的内在潜能进行深度化的挖掘。教师可以通过具有立体性质的"自学·议论·引导"教学法，在较强组织性质的支持下，既可以使教学法中的各个元素有机协调，又可以使教学法处于开放的状态，以促进在教学中对学生各项潜能深度化的挖掘。

2. 教学方法具有较强的操作性

"自学·议论·引导"教学法不但具体明确化，而且具有较强的操作性。"自学·议论·引导"教学法主要是通过自学、议论和引导来实施的教学方法。一是自学。学生在教师指导下的自学，不仅仅建立在学生想学的前提下，教师为学生提供数学学习的方法，而且符合学生自然学习的客观规律。二是议论。在数学课堂教学中，教师以问题为议论的前提，在其过程中教师可以进行审美导向的教学，以促进教学的成效。三是引导。教师的引导能使学生掌握数学学习的真谛，不仅仅是使学生掌握数学知识，而且促进学生数学思维的发展。

(三)"自学·议论·引导"教学法的模式

1. 创设教学情境使学生开展自学

教师可以依据教学重难点的知识内容为学生创设问题教学情境，例如，在图形与变换的学习中，针对对称轴知识点的学习，教师所创设的教学情境要使学生的思维指向教学目标，并且教师的问题能使学生探索知识点的核心。同时，教师所创设的教学情境还要考虑到学生的已有知识，使学生能通过问题建立起已有知识和教学知识点的内在联系。

2. 通过探究式和合作式进行议论

小组性质的探究与合作式交流，学生能就某些问题进行深度探究，并且在小组合作中发挥出个体的潜能，不但能形成互补，而且能起到互相启发的积极作用，尤其是体现在应用题的解决上,学生探究式的合作议论能生成不同的解题方法,既完成教学任务,又推动学生发散性思维能力的发展。

3. 在教学总结时进行引导

在课堂教学总结环节,教师既要对学生的学习情况进行总结,又要对知识内容进行适当的引导,以有效拓展数学知识点和激发出学生深度探索的需求。教师可以通过对教学知识点的总结进行引导,使学生对相关知识点进行纵向学习;在对教学知识点总结的过程中,教师可以对相关知识点进行横向引导以拓展学生的知识面。

二、问题导向教学法

(一)问题导向教学法的主张

问题既是数学学习的起源,也是学生掌握数学知识的重要手段。初中数学问题导向教学法其实就是教师以数学问题为教学载体,并且通过一定的引导,如引导学生通过合作与自主性的学习来获取数学知识和形成数学能力。问题导向教学法尤其对尖子生的培养有着积极的教学作用。

(二)问题导向教学法的特点

问题导向教学法具有一定的引导性。学生的最近发展区是教师问题引导的基础,在引导学生形成数学经验的基础上,实现学生数学知识的迁移与发展,为学生的数学学习奠定基础。

问题导向教学法体现出一定的自主性。学生对相关问题的思考其实就是学生主动学习的过程。学生个体存在较大的差异性,即使是对同一个问题的思考在思维层面也会表现出不同。学生在解决问题中激发出自主学习的思想意识。

(三)问题导向教学法的模式

在教学模式上,初中数学问题导向教学法可以被视为教师提出问题—学生探究解决问题—新问题生成的循序渐进的教学过程。在尖子生的培养方面,教师可以通过问题导向教学法来培养尖子生勤于思考善于提问的学习品质。一方面,教师应在问题导向教学法中融入思维层面的培养。一是尖子生可以在不断地解决问题的过程中深化对数学知识的理解,提升解决数学问题的能力,为尖子生的数学素养的发展奠定基础;二是教师应通过问题导向教学法来培养学生的学习方法,如培养尖子生的归纳综合能力,使其能做到触类旁通。另一方面,教师应通过问题导向教学法培养尖子生对数学问题的钻研能力，以有效地推动尖子生自学能力的发展。例如，教师可以依据尖子生的实际情况为其甄选优质的问题内容，以鼓励学生进行数学问题的钻研。针对学生的学困点，教师只做点睛性质的引导，对学生数学思维层面进行指导，协助学生对数学的思维方法进行总结。

三、兴趣导向教学法

（一）兴趣导向教学法的主张

学生对数学学习兴趣的产生是建立在需要的前提之下的。对数学知识探索欲的激发源于学生的内驱动力。学生的数学学习兴趣可以分为直接与间接两种，即对数学学习的过程和学习的结果感兴趣。在初中数学课堂教学中，教师既可以通过教学方法激发出学生的学习兴趣，如采用翻转课堂、小组合作学习，等等，也可以通过教学手段，如采用多媒体教学激发出学生的学习兴趣。

（二）兴趣导向教学法的特点

兴趣导向教学法具有实践性的特点。在初中数学课堂教学活动中，教师可以通过形象化的思维、问题的创设和各种形式的活动激发出学生对数学学习的兴趣。教师可以通过实践来使学生进行数学知识的探索与操作，如通过数学游戏、通过具有实践性质的学习任务，达到激发出学生的内驱力的目的。

（三）兴趣导向教学法的模式

在兴趣导向的初中数学教学模式中，教师应以学生为本，从学生实际需求的角度出发，结合教材内容深度地挖掘影响到学生学习兴趣的诸多因素。在初中数学教学中，教师应使现代化教学与传统教学有机融合，以激发出学生对数学学习的兴趣，提升课堂教学的效率。

智慧课堂+李庾南教学法提升数学教学效率

兰州市第五十六中学　王　玮

一、运用李庾南"自学·议论·引导"教学法指导教学

以学定教。真正的教育是自我教育，真正的学习是自我学习，为此该教学法倡导教师作为"引导者"，围绕学生学习实况和需求进行单元整合教学，灵活组建高效课堂。

情智相生。没有交往就没有真正意义的教学，为此该教学法倡导"情感教学"。首先是教师对学生的情感，能够促成良好的课堂教学状态；其次是教会学生为人处世，发展与丰富其社会性情感；最后是由学科知识和学习本身产生的情感，激发和调动学生的情感力量，促成他们在热爱知识的情态中学习与汲取知识。

活动致知。实践出真知，同时必须兼顾经验学习与符号学习，为此该教学法倡导"从做中学"。根据初中生感性思维向理性思维过渡的学习心理特征，让其在经验的习得中体悟、理解符号的意义。

最近发展。教学要让学生跳一跳、摘得到、有发展，为此该教学法遵循"最近发展"原理。最近发展期因人而异，允许和鼓励部分学生自行探究与发现，部分学生对此能理解与应用，还有部分学生也参与其间，有所分享。

二、利用李庾南"自学·议论·引导"教学法提升初中数学课堂教学效率

调动学生思维活性提高教学质量。知识具有多大的力量总是取决于它在多大程度上转化为思维能力，而"自学·议论·引导"教学法就是为了提升学生的数学思维能力。数学学习是数学思维活动经验的学习，思维训练是培养数学自学能力的核心。思维可以是"出声地想"，也可以是"数学地议论"，为此给学生独立思考空间，

提高其自主思考能力。

依据学情整合教材，转变教学策略。教师首先关注学生学情，尽量满足学生需求，采用单元教学法，促成学生自学，自学遇阻时相机组织议论，而议论仍难奏效时教师则施以援手，予以引导，最大限度地发挥学生的能动性。尤其是灵活采取个人、小组和全班学习三结合的教学形式，让学生在自学中发现，在议论中探索，在分享中习得。

三、运用互联网＋"智慧课堂"的教学反馈提升初中数学课堂教学效率

（一）课前反馈

"智慧课堂"的电子书包中有课前导学功能，教师在上课之前将本课内容以任务的形式发送给学生，学生在学习终端完成任务并上传答案，它就会统计学生作业中所出现的集中问题和问题出现频率较高的学生，以及每道题的正确率，教师根据反馈及时准确地掌握学情，并制订相应的教学计划。根据这些准确数据教师不仅做到了以学定教，而且提高了课堂教学的效率和针对性。

（二）课堂反馈

互动题板反馈。互动题板是教师以截图发送的方式发送给学生，这个功能可以让教师实时看到并掌握学生的做题进度和状况，学生在一分钟左右就可以完成，极大地提高了教学效率。

拍照上传反馈。拍照上传功能主要用于书面作业的检查，教师挑选不同层次的作业，在全班同学面前展示，并指出其作业的优点和不足。教师在讲解或让同学们自己讲解作业中出现的问题时，学生的注意力集中，参与度很高，也能够通过观察其他同学的错误来修正自己的答案，从而提高课堂效率。

抢答和随机抽取反馈。利用抢答和随机抽取两个功能来进行提问，抢答功能是学生点击学习终端，随机抽取功能是教师根据具体情况进行随机抽取，抽取人数可以是一人也可以是多人。因为这两个功能具有点赞功能和随机性，所以每到这个环节学生们就非常激动，注意力也特别集中，参与积极性极其高涨。

课堂练习反馈。试题作答具有即时性的特点，即教师在很短时间里获得学生所反馈的信息，及时给学生过程性和结果性评价，并根据反馈信息进行课后作业的布置和学生的辅导。

（三）课后反馈

"智慧课堂"电子书包的反馈不仅形式多样而且数据直观准确，教师可以依据这些数据对学生分层分组，进而推送不同的作业，提高作业的针对性和准确性，教师也可以给不同学生推送相应的练习或者进行有针对性的辅导，学生也可以从学习资源库中选择自己需要的内容进行学习。

四、互联网＋"智慧课堂"信息技术和李庾南"自学·议论·引导"教学法紧密结合，提升初中数学课堂教学效率

将"智慧课堂"信息技术应用到教学中，主要是通过图片、声音、视频、动画等形式将烦琐、抽象、难以理解的概念、知识点等生动化、形象化地表示出来，提高知识的可理解性，结合李庾南"自学·议论·引导"教学法，调动和激发学生自主探究能力，增强思维能力和表达能力，进而提高课堂教学效率。

学习李庾南"自学·议论·引导"教学法后对"自学"部分的反思

皋兰县第四中学　王克奋

《初中数学课程标准》指出"主动探索、小组合作是学生自学数学的关键方法"。自学是学好数学的关键之一，作为教师首先要更新观念，培养学生的主体意识以及自学能力。课堂中教师要善于鼓励引导学生，营造轻松和谐的学习氛围，创设自主学习、自主活动、自主探索的条件，使学生大胆质疑、主动参与、主动探究，通过自己的体验和创造而获得数学知识，来掌握学习方法，提高自学的能力。下面谈谈我在初中数学课堂中培养学生自主学习能力的一些反思。

一、激发学生的自学兴趣

学习兴趣是一种自学的动机，是学习乐趣中很现实，很活跃的心理成分。它在学习中起到很重要的作用。苏霍姆林斯基说过，"课要上得有趣，要能激发学生的情绪区"。让学生在学习的过程中运用知识去发现事物的特性，由此惊讶于自己的进步，这就是自学兴趣。夸美纽斯说过，"燃起学生的求知欲和学习热情，这才能使学生积极探索创新"。教学实践也证明学生如果有对学习的好奇心，他们就会主动、心情愉快地学习。所以在教学过程中应该注意挖掘教材的智力因素，凭借数学知识的"逻辑魅力"保护学生的自学意识，因势利导地诱发学生的自学兴趣，创造自主学习的良好氛围，在学习过程中积极探索，创设情境，唤起学生自主探索学习的意识和兴趣。

例如：

1. 课堂上"平年和闰年的判断"时，我是这样导入的："同学们喜欢过生日吗？"大家都兴奋地回答"喜欢"，紧接着又提问了几个学生："你几岁啦？过了几个生日？"学生都纷纷说："一个人有几岁，就会过几个生日"。这时我抓住契机说：

"可是小明满12岁的时候，只过了3个生日，这是为什么呢？你们想不想知道其中的秘密"。学生听了，个个情绪高涨。

2. 课堂上"求平行四边形面积"时，平行四边形的面积公式是教学重点，而平行四边形面积计算公式的推导又是教学的难点。相对如何突破难点，老师在课堂教学中做了如下的设计。老师展示长方形模型并告诉学生长方形长3厘米，宽2厘米，请学生说出它的面积，然后教师按住长方形模型的一组对角向外拉，长方形就变成了平行四边形。这时我提问：同学们能说出这个四边形的面积有没有变化吗？

学生1回答：它的面积不变，还是6平方厘米。

学生2回答：它的面积变了，比6平方厘米小。

此时，教师不能急于评价这两位学生的回答，要给学生留一个悬念，这个平行四边形的面积到底是多少呢？怎么样计算呢？由于初中生的年龄特点，学生会探索其中的奥秘，这时候创设情境，放开手让学生自己开动脑筋，自己动手去验证探究，进而惊喜得出结论。如此一来，学生对知识的渴求欲就随之激发出来，而这种学习效果远比教师硬塞公式要好得多。

1. 在实际生活中引出数学知识
2. 在生活中运用数学知识
3. 研究学习的课题，增强数学实践的参与性

二、创设问题情境，培养自学探索的欲望

创设情境是诱发学生强烈求知欲望和正确学习的动机。

数学来源于生活，运用于生活。在教学中教师要尽可能地把问题情境生活化，将学生日常生活中熟悉的情境引到课堂上，让学生联系生活中的数学情境，体会到身边处处有数学，以此，提高学生自主学习的热情，培养学生自主探究的求知欲。

三、拓宽解决途径，培养学生个性思维

（一）精心设计课堂提高、促使学生自主学习

学者说，学起于思，思源于疑。我们有了问题才会思索，也就有了解决问题的方法。而解决问题时，才有可能独立思考。因此，在学生自主学习前，教师要根据教学目标设定多种问题，引导学生主动思索，激起学生对数学知识和技能的欲望。

用心设计有利于学生对知识点掌握的问题,学生才能够养成自主思考、自主学习的习惯。

(二)通过反思,使学生在反省中培养自主学习的能力

反思有利于教师教学能力的提升,而反思又是学生调控学习的基础,是认知过程中强化自我意识,进行自我监控,自我调节的主要形式。著名教育学者提出,反思是数学思维活动的核心和动力。在数学教学中我们应该让学生的脑动起来,使学生养成反思的习惯,从而培养学生的自主学习的能力。

四、加强学法指导为学生自主学习提供保障

叶圣陶先生曾指出,教,是为了用不着教。在数学教学中,重视学法的指导是"教会学生学习"的重要组成部分。

学生能很好地掌握有效的学习策略,一方面减少学习的盲目性,提高学习效率,另一方面为终身学习创造条件。

1. 指导学生制订学习目标、计划

相当多的学生在学习中无任何计划安排,学习无方向感学习效率低下,课堂上有时未能跟上老师的节奏,便失去学习的积极性。所以,教师应在教材和大纲的基础上,指导不同学习水平的学生制订学习计划。

2. 指导学生形成良好的学习习惯

教师是学生的引导者,在不断学习的过程中要培养学生良好的学习习惯。而良好的学习习惯又有利于学生理解和掌握有效的学习方法。

3. 注重评价激励是学生自学的动力

在课堂上,学生通过自己的思考,探索并解决一些数学问题时,这对学生自己来说是很快乐的,并且也能让学生体验到一种成就感,作为老师就要给学生多方位的评价,评价也要做到合适,准确,形式要多种多样,老师一句鼓励性的赞扬,一个充满关爱的眼神,都能给学生自主学习的动力。同时老师也要善于引导学生正确评价自己,评价同学。让学生感到不论以前基础高低,只要通过自主努力学习,就能在原有的基础上有所发展,有所提高,有所进步。

总之,在初中数学的课堂上应注意培养学生学习的自学能力,变被动学习为主动爱上学习,让学生体会到自己是学习的主人,使学生学会学习,会学和要学,形成自学的能力。

"自学·议论·引导"教学中学生思维的激发与引导[①]

兰州市第五十三中学　颜未霖

有趣的授课观点与课堂开展模式，能够助力教育工作的有序进行。初中数学更重视对学生智力水平的提升，希望通过思维的发散，能够主动在探究知识中，引导学生强化学习能力，并感受学习的乐趣。所以教师应从初中生个性发展与学习体验入手，通过"自学·议论·引导"授课方式的引入，鼓励学生尊重自身主观能动性的同时，在相互讨论中完成知识的获取，从而在教师的帮助下既提升学习能力，又在挖掘数学学科科学性、逻辑性以及实用性的过程中，使思维意识快速上升。如何通过新式教育方法的加入，助力学生通过数学知识的学习，更好地强化学习体验与思维发展，则是笔者在本文中主要探讨的问题。

一、"自学·议论·引导"的教育内涵

"自学·议论·引导"更强调对学习主体性的发挥，需要教师设计授课环节时，能够根据授课重点与具体学情，结合初中生的认知规律，建立相应的课堂情境，使学生更好地进入学习状态的同时，自主进行对知识的探索，并养成独立思考与积极交流的习惯，在寓教于乐的讨论课堂中，进行对知识的学习。因此，这种新式的授课模式，需要教师发挥自身的引导者作用，既要帮助学生养成自学的习惯，又需要在探索中不断增强学习体验，感受学习知识的魅力，助力教育工作的顺利开展。初中数学更重视对学生智力水平的锻炼，所以逻辑性较强的数学知识，往往很容易使学生难以掌握正确的学习策略。教师通过"自学·议论·引导"教育内涵的挖掘，可以使学生根据思辨意识与认知规律，快速完成对知识的探索，并在教师的引导下

[①] 本文发表在 2021 年 9 月《新教育时代》，刊号：CN—9206/G4。

感受学科的独特魅力，才能在不断强化学习体验与调动积极性的同时，使"自学·议论·引导"课堂，在学生的积极参与中更好开展。

二、初中数学"自学·议论·引导"课堂的开展途径

（一）保证课堂趣味性

"自学·议论·引导"授课方法若想真正发挥教育效果，需要教师能够始终保持课堂的趣味性，才能很好增强学生探索知识的热情。教师应给予学生更充足的自学空间，使其在课前完成知识学习的同时，能够建立相应的课堂情境，要求学生在认真思考中进行对知识的学习。这样不仅能够发挥新式教育观点的积极意义，也能强化学习意识，鼓励学生在独立思考中，进行对数学问题的解决。

例如，教师进行同底数幂的乘法授课时，需要在课前鼓励学生通过自学，能够对运算法则进行掌握，并通过对以往所学知识的学习，强化知识迁移能力与学习自信心。这样教师在课上，就可以利用信息技术为学生播放电子计算机运算效率的视频，通过学习案例的增加，带领学生探索同底数幂运算规律的学习方法。这样既能避免枯燥讲解知识带给学生的压迫感，多样的授课形式也更尊重初中生的认知规律，使数学课堂既充满趣味性，又给予学生更好的自学与思考空间。所以"自学·议论·引导"课堂的开展，能够通过学习意识的激发，帮助学生养成自主探索知识的习惯，通过思维的锻炼，使学习效果既能达到教师的预计要求，也能使学生智力水平更好上升的同时，保证授课实效性的不断上升。

（二）重视讨论有效性

很多教师为了加快授课进度，所以并不重视课堂讨论环节的设计。这样既会抑制学生思维的发散，也使僵硬的教学活动阻碍数学学科教育意义的体现。为构建"自学·议论·引导"课堂的高质量发展，教师需要强化学生的交流意识，能够在沟通中学会取长补短，选择不同方式进行对数学问题的解决，才能帮助初中生通过学习活动的参与，可以很好提升思维意识。

例如进行轴对称与坐标变化的授课工作时，本节课需要学生根据坐标轴能够对平面图形进行相应的压缩、平移，从而在空间意识的应用中，探索新旧图形间的转变规律。教师可以为学生发放事先准备好的正方形网格，通过课堂习题的布置，鼓励学生在自己动手中进行对平面图形轴对称的寻找以及移动。这样既能在不断思考

中更好解决数学问题，学生也通过动手能力的提升，快速增强思维意识。值得教师注意的是，在要求学生进行讨论时，应发挥引导者的角色作用。通过学习目标的明确，使学生与小组成员进行对数学问题的解决。而教师则需要认真倾听，了解学生在讨论中的具体想法以及存在的困惑，进行整理后统一答疑解惑，使授课内容更有针对性，也在符合学生思维规律的同时，帮助数学课堂在新颖的授课模式下更好开展。

总而言之，只有将学习主动权根据实际的教育计划还给学生，才能营造自主、和谐的学习环境，帮助学生养成更好的学习习惯，推进教育工作的顺利开展。教师需要通过"自学·议论·引导"内涵的挖掘，选择更容易被初中生接受的授课模式。通过数学形象的建立，帮助学生增强学习体验，并在与同伴的自主讨论中，快速掌握更好的学习方法。这样既能使数学课堂更有目的性地帮助学生快速提高思维能力，也在强化认知理念、提升学习兴趣的同时，发挥学科的价值内涵，引导学生善于通过不同角度探索适合自己的学习方法，使智力水平、知识迁移能力以及学习意识，在教师的精心引导下更好上升。

"自学·议论·引导"教学法对初中数学教学影响

兰州市第九中学　许秀麟

"自学·议论·引导"教学方法的提出和实践虽已经有40多年的时间了，但随着教学理念的不断转变和教学方法的不断更新，这种教学方法也在不断地发展，进而仍然在初中数学教学中起到了非常重要的作用。作为一名教师，下面我就根据自己的教学实践，探讨"自学·议论·引导"教学方法对初中数学教学产生的影响。

一、"自学·议论·引导"教学模式

"自学·议论·引导"教学法在教学过程中强调学生学习的主动性，要求学生能够自主地去获取知识，并且对教师讲解的知识进行准确判断和选择，从而最大限度提高教学质量和效果。这种教学方法跟现阶段的素质教育的要求是相符的，虽然强调学生的自主学习，但是这并不意味着完全忽视了教师的作用，而是要求教师对学生学习进行适当引导，引导学生去探究学习的方法。正所谓"授人以鱼不如授人以渔"，只有学生掌握了知识学习的方法，才能够做到融会贯通，才能够为后续课程的学习奠定良好的基础。议论，则是教学过程中学生发现问题和解决问题的一种方法，按照议论对象数量的不同，可以分成两人和多人。学生对于学习过程中出现的问题，可以采用议论的方式，探讨其问题以及可以采取的解决方案。当然这种议论与传统的商议不同，它更具自主性，即学生主动地去进行议论而不是被动地进行议论，具有更好的议论效果。

二、"自学·议论·引导"教学方法对初中数学教学的影响

（一）认识到并能坚持学生是在教师引导下靠自己学会知识的

过去，我们总认为学生学习知识主要是靠教师教会的，迷信教师讲的功效。在

平时教学过程中，我们着意突破这个局限，认识"教"必须立足于学生的"学"，要在研究学生的学法上下功夫，有效地引导学生自学。所谓"自学"，是指在教学中，增强学生的主体意识，使其能独立开展认知活动。因此，在课堂中我们采取多种手段调动学生各种认知感官参与学习。"看"，看教科书、参考书等；"听"，听老师的讲解、同学的发言等；"问"，提出问题，主动求教于老师、同学或书报刊等；"做"，制作教具或模型，演示操作，通过动手测量、观摩等手段发现问题或为解决问题提供线索，以及画图、演算等；"记"，记忆教学内容的纲目要点；"议"，积极主动地与同学、老师交流学习信息，学习用规范化的数学语言（包括书面语言）表达所获取的知识、技能及其发展，表达自己学习和思考的方法等，让学生亲自参与思维的操作过程，品尝智力活动的成果，使教学过程成为学生在教师引导下的自学过程，让学生的自学活动在教学中的个体阅读钻研、群体议论、个群结合练议的三个环节中进行，并贯穿于课堂教学的全过程。

（二）坚持个人、小组、班级三结合的教学形式

单一的班级教学往往忽视学生的差异，把学生当作"标准件"，用一把尺子、一个要求，整齐划一地进行教学，影响并抑制了学生独立学习能力和个性的充分发展。在教学过程中，我们充分认识到社会需要各种人才，而每个学生也都有各自的个性特征。传统的班级授课形式不能有效地贯彻"因材施教"的原则。因此，我们采取单元教学形式，力求扩大教与学的时空范围，让学生既有按各自的情况个人独立阅读、思考、实验、操作的时间，又有小组议论交流思维方法、学习方法，对问题的认识、对知识的理解和应用，咨询、释疑、深究的时间；还有全班学生在教师有见解、有深度的引导下，对教材的重点、难点、疑点，学生的思维方式、学习方法等方面的深入研讨。师生畅所欲言，相互补充、纠正、评价。

在这一过程中，"议论"是促进个体排疑、互补、吸收、同化的重要环节。所谓"议论"，是指学生在群体中，多方面地直接对话，使个体的有关信息、情感、思维方法得到辐射交流，相互激励、启发，促进自学意向和自学活动，提高分析问题和解决问题的能力。这样的"议论"深度并非一下子就能达到，我们分层次逐步将议论引向纵深。第一层次是"问答式"，主要是问问答答；第二层次是"讨论式"，能交叉问答；第三层次是"议论式"，即围绕一个较大的中心，让学生依照自己的思路自由地发表见解，相互启发、促进，甚至热烈争辩，引起连锁的辐射反应，使思维在交叉启发中向纵深发展。

（三）创设课堂教学的良好状态

1. 动和静。自学时要保持安静，不受外界"动"的干扰，但这时的"静"并不意味着"松松垮垮""没精打采"，而是静中有动。此时由于渴求知识，学生脑海里翻腾着智慧的浪花。讨论的气氛应该是热烈的，这是一种"动"的状态。但是，"动"并不意味着"凑凑热闹""瞎说一气"，而是动中有静。任何一种见解都应该是经过深思熟虑的，课堂教学中的一切活动都应该热烈而有秩序地进行。

2. 放和收。要使交流讨论既能取得好的效果，又不浪费时间、影响进度，就要处理好放和收的关系，做到"放中有收""收中有放"。所谓"放中有收"，就是说"放"是在知识领域的一定范围内、在教学过程的一定阶段上的"放"，学生控制在这种尺度内敞开思路，畅所欲言。所谓"收中有放"，就是说教师控制的尺度也不是一成不变的，有时要根据教学的进展情况作灵活的调度，即允许冲破"禁区"，向更广泛更深入的领域进行探讨。

"自学·议论·引导"教学法经过 40 年的发展，博大而精深。将其引入我们的课堂后，深刻地改变了我们的教学模式和学生的学习方式。我们坚信，通过不懈的努力，"自学·议论·引导"教学法必将结出更加灿烂的果实。

"自学·议论·引导"教学法的实践探究

兰州市第十二中学　张爱民

作为李庚南"自学·议论·引导"教学法的试点学校，我校数学教研组不断开展学习活动，并积极地进行教学实践。

通过学习，我们知道李老师的"自学·议论·引导"教学法包括三个基本环节：一是独立自学，二是群体议论，三是相机引导。在这三个环节中，"独立自学"是基础，"相机引导"是关键，"群体议论"是枢纽。三者相辅相成，融为一体，贯穿教学全过程。这使我深深地思索，我该如何把这三个环节贯穿于我的课堂教学中呢？

一、让独立自学成为了解新知的必然途径

自学，是在教师的引导下，积极主动自觉地独立思考，调动各种感官"看""听""问""做""记""议"，从而将数学知识、法则、原理、技能等内化为自己的心理结构。

在我的课堂上，自学分为课前、课上、课后三块。课前独立自学的形式为预习。教师在课前针对本节课内容布置适当的预习作业，让学生以课本为主，结合有关参考资料采取阅读、制作、观察、练习等方式独立钻研，达到初步获取知识的能力。课上独立自学的形式为消化，教师在课堂上对重、难点的讲解，重要例题的分析，解题思路的引导，其他同学对本节课的不同反映等，都是学生学习的内容，以达到真正掌握知识的能力。课后独立自学的形式为作业，教师根据教学要求和学生情况，有针对性地编写一些题目让学生练习，以促进知识向技能转化，达到巩固和提高知识的能力。

一切教学影响只有通过学生自身的活动才能生效，成效大小取决于学生参与教学过程的能动性、积极性、主动性。

二、群体议论成为解决问题的主要形式

议论，是学生与学生、学生与教师间开展小组或全班形式的交流，是合作学习的基本形式。有效的议论是需要教师在教学活动中，通过引导和培养才能获得的。

在我的课堂上，主要议论分三种形式。一是问答式。即教师根据教学重点或难点，提出一个问题，让学生以小组（或全班）展开议论。学生从书本中、从自己原有的知识经验里或通过演练、整合加工得出答案。例如：教师问"书本是怎样组出三角形的判定方法的？"学生对这个问题的议论，不只是交流结果，还揭示了自己的思维过程和方法。二是讨论式。即学生不仅能回答教师的问题，而且对问答内容再联想延伸，产生新的问题或新的答案。例如：在解决问题"在正方形内找一点，使它与各顶点构成的三角形都是等腰三角形，问这样的点有几个？"时，同学们不仅找到了三角形内的五个点，还发现了形外的四个点。三是议论式。即围绕一个问题，引导学生依据自己的思路，自由地发表见解，相互启发促进。例如：研究了"角平分线"后，教师揭示新课题"线段的垂直平分线"，让学生以"角平分线"的知识结构、研究内容以及研究方法为借鉴，进行知识迁移，探索讨论"线段垂直平分线"的性质与判定。

有效的"议论"是需要教师在教学活动实践中，通过着力引导、培养、改进才能获得的。

三、相机引导成为联系课堂的重要纽带

引导，是教师运用点拨、解惑、提示、释疑等方法，根据学生学习中出现的问题，进行启发性描述，使学生得到仿效和借鉴。

在我的课堂上，引导分三个阶段。第一阶段示范性引导。当学生面临一个全新的教学内容时，教师在引导学生理解和掌握的同时，要示范完整的解题过程。例如学生在刚接触几何时，很难用数学语言完整地表达自己的解题思路和过程，这就需要教师作示范性引导。第二阶段启发性引导。课堂上，教师可以通过对有关问题前置的生动描述，打开学生的眼界、拓展学生的思路，还可以通过列举一些矛盾的现象，选编一些易错的问题，让学生在实践中总结经验教训。第三阶段探究性引导。在学完教材中的知识后，教师应当对问题进行适当的延伸拓展，揭示知识间的逻辑联系，充分发挥学生的学习潜能。

学生只有在教师的引导下才能实现有意义的、有质量的、有效率的学习。

一个在"三尺讲台"上站了54年的班主任、数学老师，精神依然那么矍铄，对教育事业的热情依然那么高涨，作为青年教师的我们，哪还敢有对教育事业的一丝倦怠？我们将继续努力学习李老师敬业爱生的职业操守，鞠躬尽瘁的精神境界和追求卓越的品格风范。

"自学·议论·引导"教学法
与核心素养的培养策略

——学习李庾南老师教学法的点滴尝试

兰州市第二十二中学　潘兴文

自从学习李庾南老师的"自学·议论·引导"教学法以来，我们进行了大量的探索研究，努力将该教学法运用于课堂教学实践。同时，在教学过程中不断地改进教学方法，将数学核心素养的培养融入课堂教学活动。在经历了实践—改进—再实践—再改进的过程后，认识到数学核心素养的培养要注重以下几个方面：

一、课堂教学中要注重培养学生的学习兴趣

都说"兴趣是最好的老师""做任何事情都要保持兴趣，这样才有动力，才更容易成功"。因此，在课堂教学中，调动学生的学习积极性，利用数学的独特魅力去吸引他们学习，让他们自己去探索数学的奇妙，从而激发他们对数学的学习兴趣，这样才能更好地落实"学法三结合"，进而使课堂能更好地聚力于核心素养的培养。

（一）通过设计数学游戏培养学生的学习兴趣

数学游戏，它把数学知识融于游戏之中，在做游戏的过程中得到要学的数学知识、数学方法和数学思想。西奥妮·帕帕斯认为，逻辑、娱乐和游戏是数学三剑客。由此可见数学游戏在数学领域所占据的重要地位了。李老师的"自学·议论·引导"教学法强调"学程重生成，学材再建构，学法三结合"。因此，在数学课堂教学中怎能少得了数学游戏呢？

例如，在《字母表示数》这节课的设计中，老师先让大家课前准备纸牌，上课一开始，老师告诉大家："我们一起做一个猜数字游戏。"

找一个同学把自己带的纸牌取出一部分，分成数量相同的三堆（每堆数量大于4张）放在讲桌上。然后，让这个同学按如下步骤操作：

1. 从左边一堆拿一张纸牌放入中间一堆；

2. 从中间一堆拿三张纸牌放入右边一堆；

3. 中间一堆有多少张纸牌就从左边一堆拿多少张放入中间一堆纸牌中。

整个操作过程中老师始终背对着操作者，等操作完成后，老师告诉大家左边一堆的纸牌数是：1。

大家一片愕然……

（二）通过动手操作从而提高学生的学习兴趣

动手操作，是培养学生数学学习能力的有效途径，他们通过动手操作可以亲身感受知识的生成过程，激发主动参与的热情，增强求知欲，优化思维品质。这也是教学法中"学程重生成"的很好体现。在教学过程中，经常可以让孩子们通过动手操作获得知识。

例如：在学习《三角形内角和定理》时，老师可以引导学生先回顾小学有关三角形内角和的知识和结论，然后让学生在课堂上，通过动手剪切、拼接等活动感知三角形的内角和定理……

（三）通过设计数学小实验提高学生的学习兴趣

在初中数学课堂教学中适当地引入数学实验，培养他们发现问题、提出猜想、验证猜想的能力，完善学生的认知结构，提高学生的数学核心素养。

例如：在讲解概率统计那部分知识时，可设计掷硬币、掷骰子、掷瓶盖、掷图钉、摸玻璃球、抓阄等实验。做实验时，可以先将学生分组，并且分好工，先在组内统计实验结果，提出猜想。然后，全班范围内统计实验结果，验证猜想。通过实验活动让学生更好地体会和理解相关概念。

总之，通过数学游戏、动手操作、数学小实验等多种形式的教学设计，把"自学·议论·引导"教学法的教学模式渗透到日常教学中，并能有效地培养学生的学习兴趣。同时，也能将核心素养的培养落到实处。

二、课堂教学中要注重教师对教学过程的整体把控

数学核心素养的落实依赖于课堂教学，那么，教师要从整体对教学内容去理解，去把握，弄清本节课在整个章节中的地位，实现"学材再建构"。这样才能更好地去设计课堂的各个环节，才能更好地贯彻教学法的精髓，培养学生的数学核心素养。

以上课堂设计的板书体现了教师对数学课程内容结构的整体认识，对于关键的概念、定理、应用等做出合理的设计与教学，使学生不断地感悟，理解抽象的概念，从而达到新的数学认知，逐步形成结构化的认知体系，提高他们的思维品质，拓展他们应用数学的范围，进而培养学生的数学核心素养。

三、课堂教学中要注重学生的数学思维训练

数学思维就是以已有的数学知识和数学事实为基础，通过数学推理、数学实验、数学计算等形式来认识数学对象，从而掌握新的知识。在传统教育中，教师往往把主要精力花在解题能力和解题技巧的训练上，课堂教学中忽视了数学思维的培养，使得教学效果不佳。因此，只有在课堂教学中注重数学思维的训练和培养，才能提高学生的学习效果。

（一）课堂教学中注重逆向思维的培养

一是注重概念教学中逆向思维的培养。数学定义一般都是双向的，在日常教学中，学生除了掌握基本定义，还要引导他们逆向思考，从而加深对定义的理解。

二是注重公式、性质、法则等教学中逆向思维的培养。在日常教学中，应该重视对公式、性质、法则的逆向思维的训练，使学生熟练掌握，能够更灵活地应用。

（二）课堂教学中注重发散思维的培养

发散思维也叫求异思维、分散思维、辐射思维等。它是对已知信息多方向、多角度的思考，区别于局限的既定理解，从而提出新的问题，探索新知识或是发现多种解答和结果的思维方式。在"自学·议论·引导"教学法中，对发散思维的培养非常重视，学材重建、知识生成过程中，处处体现。

教学法的教学实验以培养学习兴趣、教师整体设计和把控课堂、数学思维训练等三方面为抓手，对数学课堂教学进行改进与优化，使"自学·议论·引导"教学法慢慢在数学教学中落地生根，由形似走向神似，从而使数学核心素养的培养逐步贯穿于课堂教学的每一个环节，真正让课堂教学焕发出青春活力。

追求有规则的自由课堂

——基于"自学·议论·引导"教学法的教学探究

兰州市第二十二中学　王丽萍

《义务教育数学课程标准（2018年版）》指出："数学教育要面向全体学生，实现人人学有价值的数学；人人都获得必需的数学；不同的人在数学上得到不同的发展。"由此可见，在数学教学活动中，学生才是数学学习的主人。这与李庾南老师在多年实践的基础上提出的"自学·议论·引导"教学法一脉相通。笔者以八年级上册第一章《勾股定理》第一节《探索勾股定理》为例和大家交流一下在践行"自学·议论·引导"教学法中的做法与思考。

一、对"自学·议论·引导"教学法的理解

"自学·议论·引导"教学法是李庾南老师结合自身的教学实际，历经33年的实践探索，创立的数学教学方法。目前已在全国30个地区，80多所学校进行推广。"自学·议论·引导"教学法，是在"以学生发展为本"核心理念下的三个坚持。一是坚持以学定教；二是坚持教与学的统一；三是坚持教为学服务。这是"自学·议论·引导"教学法最为根本的思想和实质，我们把它视为"自学·议论·引导"教学法的教育观。其核心是激发学生的生命活力，是帮助学生真正学会学习，自主学习，创造性学习，享受学习。课堂教学本身具有很强的组织性，可以自我调节，可以再度生成，可以不断开放。"自学·议论·引导"教学法全新的教育教学理念，就是让"有规则的自由课堂"在老师的引导下实现学生自主探究、自主提升的课堂，其最突出的特点是遵循学生学习数学的心理规律，强调从学生已有的生活经验出发，让学生亲身经历将实际问题抽象成数学模型的"做数学"的过程。教学中，给予学生充分思考的时间，给予学生充分质疑的时间，给予学生充分完善的时间，让他们享受"自学·议论·引导"教学法带来的快乐和成效，实现有规则的自由的课堂。

二、课堂教学的实践探索

"自学·议论·引导"教学法最突出的特点是遵循学生学习数学的心理规律，强调从学生已有的生活经验出发，让学生亲身经历将实际问题抽象成数学模型的"做数学"的过程，《探索勾股定理》是八年级上册第一章《勾股定理》的第一节内容，勾股定理是中学数学几个重要定理之一，它揭示了直角三角形三边之间的数量关系，既是直角三角形性质的拓展，也是后续学习"解直角三角形"的基础，它紧密联系了数学中两个最基本的量——数与形，能够把形的特征（三角形中一个角是直角）转化成数量关系（三边之间满足 $a^2+b^2=c^2$），堪称数形结合的典范，在理论上占有重要地位。对学生而言，通过七年级一年的学习，学生已具备一定的分析与归纳能力，初步掌握了探索图形性质的基本方法，但是学生对用割补方法和面积计算证明几何命题的意识和能力存在障碍，对于如何将图形与数有机地结合起来还很陌生。基于以上因素，在教学设计中如何设计成适合学生参与、讨论，满足学生知识、能力、情感等方面要求又能实现学生自主探究、自主提升的课堂，既是遵循学生学习数学的心理规律，强调从学生已有的生活经验出发，教师如何才能让学生亲身经历的实际问题抽象成数学模型的"做数学"的过程课堂呢？教师是这样设计和思考的：

（一）合理的教学设计

此课例的教学设计包括：学习目标、学习重点和难点、学习过程、随堂检测、知识拓展。学习目标和学习重难点使学生的学习方向更加明确；学习过程分解了重难点问题，便于有层级地教学；随堂检测可以及时了解目标达成情况；知识拓展能满足学有余力的学生的更高需求。各个版块功能不同，且相互作用，融为一体。

（二）层级的教学过程

"自学·议论·引导"教学法的三个基本环节是独立自学、群体议论、相机引导。在这三个环节中，"独立自学"是基础，"相机引导"是关键，"群体议论"是枢纽。因此，在充分考虑学生学情和自主学习的基础上，确定了如下三个学习目标：①学生经历从数到形再由形到数的转化过程，经历探求三个正方形面积间的关系转化为三边数量关系的过程。并从过程中让学生体会数形结合思想，发展将未知转化为已知，由特殊推测一般的合情推理能力。②让学生经历图形分割实验、计算面积的过程，尝试从不同的角度寻求解决问题的方法，并能有效地解决问题，积累解决问题的经验，在过程中养成独立思考、合作交流的学习习惯；通过解决问题增强自信心，激发学习数学的兴趣。③通过老师的引导，学生的探究体会一种新的证明方法——等面积法。并在老师的介绍中感受勾股定理的丰富文化内涵，激发学生热爱祖国悠久文化的思想感情，培养他们的民族自豪感。这三个目标涵盖了学习内容的重点和难点，对学生能力的要求逐级递增，符合学生的认知规律，实施性和检测性很强。学生完成这三个预设目标，就完成了学习任务。

对于整节课各个环节的设计是根据学生的认知结构，采用"观察—猜想—归纳—验证—应用"的教学方法。这一流程体现了知识发生、形成和发展的过程，让学生体会到观察、猜想、归纳、验证的思想和数形结合的思想。具体过程如下：

环节一：观察发现

活动一：观察两直角边分别是3、4的直角三角形，并测量三边你能得出什么结论

活动二：构造两直角边分别是5、12的直角三角形，并测量三边你能得出什么结论

环节一由以上两个活动组成，体现的是独立自学的教学理念。自学即学生独立地开展学习活动。这里引用李庾南老师对自学的解读。"自学"，我们不能简单地理解为就是让学生自己学，一放了之，没有学习内驱力，没有目标要求，没有方法指点，自学必然流于形式，达不到自学的目的。也不能机械片面理解学生的学，以为只有让学生先看书，或者导学案才叫自学或先学。学的动力来自自身的积极性，学的核心是思维，学的途径和方法也是多种多样的，否则，在纯演绎的学习活动中，学生还是被动的，主体的创造积极性难以发展和发挥，因此不能实现真正意义上的自学。

我们所说的自学包含两个基本要义，一是把学习的主动权还给学生，让他们自觉自主地学习，乐于学习，具有良好的学习精神；二是让学生学会学习，善于学习，具有较强的学习能力，单纯地把教材内容转化为问题的形式，让学生先学先做后讨论或教师讲解，这还是一种"牵引式"的自学，难以达到自学的效果，我们认为，学生只有在教师的引导下才能实现有意义、有效率、有质量地自学。也就是说不是单一片面地让学生自己看书就是自学，关键是学生的积极思维和独立思考，把外在的知识（教师的引导）内化生成自己的知识结构体系。

通过对特殊的直角三角形（边长为整数的等腰直角三角形）三边长度的测量，分析，到稍特殊的直角三角形（边长为整数）的三边关系的探索，初步感受边长之

间的平方关系，而且在学生的操作过程中也充分预设了学生的答案，a^2+b^2就是不等于c^2，这时该怎么办呢？如果按照以往的教学教师通常都会说其实$a^2+b^2=c^2$，但是李庾南老师课堂的核心理念之一是学程重生成，所以在这里笔者并没有规避这个问题，就是让学生在认知的过程中有矛盾，有冲突，有思想的碰撞，此时再作出相机引导，任何测量都是有误差的，既解释了学生心中的疑虑，又让后面的猜想水到渠成，从眼前的近似等大胆猜想到绝对等。

环节二：猜想，验证

从数到形尝试验证把a^2，b^2，c^2，分别看作以a，b，c为边的正方形面积，探索面积之间的关系，用形的方法解决了数量的关系，渗透了数形结合的重要思想。

在环节二的活动中，通过能主动观察、猜想、推理、自主探究，引发学生的思考，发现和总结出所学知识，这样教师则真正从知识的传播者转变为学生学习的引导者和设计者，而学生也就由观众变成了演员。体现的是群体议论的教学理念，实现的是新知识的生成。

环节三：归纳得到的基本事实并通过严格证明，得出直角三角形的两条直角边的平方和等于斜边的平方

任何数学结论定理的得出，仅靠猜想、验证显得过于肤浅和苍白，必须通过严格的数学证明，让学生经历图形分割实验、计算面积的过程，尝试从不同的角度寻求解决问题的方法，并能有效地解决问题，积累解决问题的经验。

在环节三的学习过程中，学生都能达到本节课给出的教学目标，并充分体会到学习探索勾股定理这节知识的必要性，为后续学习奠定了良好的基础。体现的是相机引导的教学理念。学生在完成教学环节的过程中不断进行自我评价，在过程中养成独立思考、合作交流的学习习惯；通过解决问题增强自信心，激发学习数学的兴趣。同时培养了学生严谨的科学精神。

（三）适切的能力训练

无论是环节一，还是环节二和环节三，都是为了促进学生学会学习，坚持以学定教，坚持教为学服务，三个环节，三个任务，三种难度梯度的问题解决相应而生，在学生具备一定感悟能力的基础上，教师给予适当的指导和点拨，完成学生小组之间或个人对知识的诠释，促进学生学力的发展，真正融会贯通"自学·议论·引导"教学法的内涵。

三、教学实践的反思

本节课是以教师引导，学生自主探究，合作学习的课堂模式展开教学活动，核心环节均由学生在动手、动脑与小组交流中顺利达到教学目标，学生表现得兴趣盎然，并在探索与合作的过程中体验了认识事物、寻求规律与解决问题的过程，在掌握知识、发展能力的同时促进了积极的情感的形成。但仍有一些不足：

1. 学材再建构要以课标为准绳，学情为依据，要在十分熟悉教材内容的基础上进行建构，且局限性不能太大。只有这样，才能做好前后内容的衔接，使重新组合的内容显得恰当，对学生整体性思维能力的提升才有价值。做学材再建构之前，要先熟悉教材，弄明白本单元的作用（如：在本章、本册或整个初中数学教材中的作用）。内容适合重建构的就重新建构，不适合重建构的也不勉强建构，可以仍按原来内容进行设计。平时的教学中，根据学生的情况，我们可以对一些联系紧密的学材进行单元内小整合，让学生慢慢适应这种教法。例如：整式的乘除法中，就可以将整式的乘法运算、除法运算各自进行整合处理。因式分解也可以将定义、方法放一起建构等。

2. 学习活动的组织与控制不同步。由于小组活动时间所限，也有一些同学在小组中还没有得到交流机会活动便宣告结束。本节课的三次小组活动都表现出这一问题。因此，在以后教学中必须科学地组织学习小组，并加强骨干学生的培养，增强自身的课堂控制能力，避免学生活动走过场、图形势。这样才能真正提高课堂学习效率。

3. 信息反馈渠道的开辟与疏通必须重视。分组活动时教师要"眼观六路，耳听八方"，将学生反馈的信息迅速纳入下一进程的教学活动中去；回答问题的学生应既有自主的也有点将的，让各类学生都有代表出来交流；授课的过程中，老师一定要相信学生的能力，有意减少自己的参与度，给学生留下充分的时间进行独立思考、群体讨论，然后给出先前提出的每一个有价值的问题的答案，老师再根据学生回答的情况做好相机引导，尽可能让学生完善答案。不要一给出问题就自己着急回答，自问自答。

总之，"自学·议论·引导"教学法实质与精髓的三个方面是相互联系、有机统一的整体。以生为本、以学定教、教学统一、教为学服务的教育观，是这项教改实验要始终坚持的核心点；引导学生学会学习、善于学习、培养他们的学习发展能力，是本项教改实践要努力追求的目标和落脚点；而如何使"自学·议论·引导"三个基本环节有机结合、融为一体，优化课堂教学结构，不是几节课就能实现的，而是让这种先进的教学理念根植在我们每一位教师的心中，发芽，壮大，以促进学生学力为主旨真正实现有规则的自由的课堂！

整体把握，单元整合，学材建构

兰州市第八十一中学　魏　源

随着发展学生核心素养的先进教育理念的提出，标志着数学学科教学对学生的要求从"学会"演变为"会学"乃至"会用"，即让学生掌握数学思想、数学方法，发展学生思维，提高数学分析和应用能力。特级教师李庾南老师用"学材再建构、学法三结合、学程重生成"概括了"自学·议论·引导"教学法的精髓，在"三学"思想的引领下，优化学生主体性学习进程，改善教师引导性教学结构，构建"有规则的自由课堂"，使数学成为数学活动的教学，潜移默化中发展学生核心素养。

"三学"之一的"学材再建构"源于李庾南老师"重组教材内容，实现单元教学"的思想，遵循"以课程标准为基准，以教学课本为参照，以教学对象为依据"的原则，根据教学需要，为实现学习效益最大化，学生发展最优化，对教材、教辅等学习材料进行主动加工建构的过程，重新建构"源于教材、高于教材"的学材。

一、理念的转变——学材再建构的优势

"自学·议论·引导"教学法实验初期，个人有过这样的思考："面对现行教材中以课时为基本教学单位，以章节为基本教学模块的设置方式，我们还有再设计的空间吗？还有再整合的必要吗"？

随着教学法实验的深入，自己查阅有关"学材再建构"和"单元教学"的文献资料，逐渐形成了对"学材再建构"的粗浅认识。目前北师大版教材的设置虽然对于合理把握每节课的数学教学活动进程、优化数学教学活动具有重要意义，但其自身也存在不足之处：比如容易导致学生的知识割裂，不利于形成一个完整的知识链条和结构体系，难以建构完整的思维体系，而且过多地关注知识与技能，忽略了学生能力的培养，不利于学生学科素养的发展；同时也会让教师拘泥于具体内容的"就课论课"，缺乏对教学整体的把握，也在一定程度上限制了老师的发展。

而"学材再建构"所提出的单元教学设计理念倡导将教学内容置于单元整体内容中去把控，更多地关注教学内容的本质、蕴涵的思想以及学生素养的培养，单元教学设计有利于一线教师把握学段目标的分步落实；有利于弄清单元目标与课时目标之间的层次关系；有利于系统地、有计划地反馈调节教学过程，从单元整体上较好地落实因材施教，防止教、学缺陷的积累。"学材再建构"是在教学的过程中对教学内容实施整合，将学习方法相近、学习内容存在关系的知识或属于同一知识体系的教学内容有机地组合在一起进行的单元教学，这样的教学更加注重知识之间的逻辑结构和生成的过程，起到发展学生核心素养的作用。

二、认识的深入——全面剖析"学材"

（一）丰富的学材

"学材"包含显性学材和隐性学材，显性学材通常指相对稳定的、静态的、可视的宏观学习材料，如教材、教参、教辅等教师用书，也可以是学生使用的练习册、习题集、试卷服务于教学的有效资料；隐性学材通常指时刻发生变化的、动态的、隐蔽的微观学习材料，如教师的教学手段、教学情感、教学经验，学生的学习经验、学习态度等。由此可见，学材再建构并非简单的知识整合或习题堆砌，更需要教师深度地挖掘，形成有个人特色甚至是个人教学模式的学材。

（二）变化的学材

"课堂应是向未知方向挺进的旅程，随时都有可能发现意外的通道和美丽的图景，而不是一切都必须遵循固定路线而没有激情的旅程"，由此可见，学材是不断发生改变的动态学习材料，在学生积极思维的状态下产生许多"节外生枝"的奇思妙想，或是意想不到的错误等，都应是教学中宝贵的学材，教师因势利导地让"学材再建构"这一行为在课堂中灵动起来，从而达到"学程重生成"的理念，打造出"有规则的自由课堂"，因而学材再建构的过程是源于教材，高于教材的研学过程。

（三）恰当的学材

古语有云："博观而约取，厚积而薄发"，学材再建构的过程中，教师会大量地挑选学材为建构做准备，如通过北师大版、人教版、华东师大版三种数学教材对单元教学内容编排和处理，通过"编排顺序差异""阅读材料的差异""素材选取的差异"和"例题、习题的编排方式"等方面进行教材比较分析。在这一过程中，不能只执着于"博观",更要大胆"约取",即从收集的大量资料中选择恰当的、有针对性的学材为我所用,从而实现基于"单元教学"的"学材再建构"。

三、实践的思考——学材再建构的原则

在李庾南"自学·议论·引导"教学法实验研修的过程中,自己在实践中前行,对学材再建构的方式有了一些粗浅的认识。

新课标理念要求"用教材教而不是教教材",所谓"教教材"就是教师严格遵从教材提供的内容和程序组织教学,无视学生的实际情况,照本宣科一刀切,不敢越雷池半步,而"用教材教"便是在课程标准的要求下,吃透教材的精神和意图,实现"学材再建构"的过程,因而,需要教师从全局的角度出发,对教材内容进行合理增删处理,重组整合,单元教学,从而寻找出更切合学生的知识水平、学习状况、思维能力的教学举措。

因而教师在进行"学材再建构"的过程中,需要立足于知识发生的规律与可达到的高度优化思维方式、学习方法,依据课程标准、从学生的已有经验出发,将学生的经验理性化、知识系统化进行"整体把握,单元整合,学材建构"。

同时,由于学材的"不确定性",导致在教学的过程中,师生之间、生生之间的交流各自建构的学材需要引起教师的高度注意,这也与李庾南老师"三学"理念中的"学程重生成"不谋而合,在生生互动、师生互动、动态生成的过程中,无疑为教师和学生提供了梳理和建构学材的机会,教师需要有效地把握这一契机,积极进行"学材再建构",立足课堂,通过相机引导和群体议论帮助学生形成属于自己的个性化知识结构,关注学生之间的个体差异才能更加有效地进行"学材再建构"。

四、探索的方向——学材再建构的意义

"学材再建构"的过程看似是教师为了实现更优质的教学所进行的积极尝试,其实这在一定程度上促进了教师自身专业化发展。

(一)有助于教师整体把握教学目标

首先,"学材再建构"是从单元全局出发来设计单元教学目标,能够使教师从整体上把握该单元知识内容的数量、范围、难度,并根据单元内每节课的具体情况来确定该课时的教学重点以及三维目标中的每一维目标在课堂中的比例或比重,从而

对每节课"应该做什么，做到什么程度"有更为精准、理性、全面的认识。这就可以帮助教师克服过去只关注每堂课教学目标的达成，而对学科知识的整体结构与逻辑视而不见的弊端，也有利于学生的可持续发展。

其次，单元内各个课时的教学目标既相对独立又彼此联系，它们在单元教学目标的统领下互为基础，环环相扣，构成一个和谐整体。通过对单元内每一课时的教学目标有层次、分阶段地逐步落实而最终实现单元教学目标。因此，"学材再建构"有助于教师整体把握教学目标。

（二）有助于教师整体把握课程内容

"学材再建构"的单元教学理念有助于教师把握课程内容的内在联系，它通过知识间的"瞻前顾后"强化了单元内各课时内容之间的连续性和衔接性，避免了由于课与课之间的相互割裂而造成的知识"零散化"和"碎片化"；通过"高瞻远瞩"将所学内容纳入整个单元知识体系的全局中思考，避免了对数学的理解"只见树木，不见森林"。

（三）有助于提升教师的数学素养

"学材再建构"有助于教师通过整体性、贯通式的设计来概括相关数学内容中的共性，理解教学内容的实质和意义。单元教学设计通过对数学知识、技能背后的背景、思想、方法的挖掘，可以使教师宏观地理解所教课程内容，感受不同知识内容间的实质联系，由此可见，"学材再建构"对促进教师的专业化成长有着不可估量的巨大作用。

李庾南"自学·议论·引导"教学法实验的推广在兰州市教育局、兰州市第四十九中学以及各实验学校全体教育工作者的共同努力下稳步前行，相信在李庾南老师"三学"思想的引领下，能构建出属于兰州实验区的"有规则的自由课堂"，进一步发展学生核心素养。

"自学·议论·引导"教学法实验研修心得体会

兰州市第九中学　王晋亮

"初中数学'自学·议论·引导'教学法探索实践"始于1978年，旨在克服班级授课制"大一统"下所产生的教师"满堂灌"、学生被动学、教学效能低的严重弊端。它以帮助学生学会学习为核心，以提升数学思维品质和自学能力为重点，通过自学、议论、引导三个基本教学环节的有效融合，个人学习、小组学习、全班学习三结合教学形式的灵活运用，使学生主体在探索知识生成过程中学习质量和水平得到提高。经过不断完善，成为特色鲜明、易于操作的教学法。

其核心内容是：一是科学组织"自学·议论·引导"学与教的方式，其中自学为基础，议论为枢纽，引导为关键，以学论教，教学相长，建构了完整的教学过程；二是创设民主开放的互动情境和具体操作要义，让学生自主建构，学会学习，全面发展；三是针对初中学段的学生特点，总结出切实可行的操作范式，建构了自学课、交流讨论课、习题课和复习课四种课型。该教学法真正让学生"在学习""真学习""会学习"。

在该教学法引入我校的将近一年的时间里，我校广大的初中数学老师一边参加"自学·议论·引导"教学法的学习培训，一边在实际教学中不断对该教学法进行实践和探索。对"自学·议论·引导"教学法也有了自己的一点心得体会，在这里做一个总结。

"自学·议论·引导"教学法共包括三个基本环节，对这三个环节我们的体会总结如下：

一、自学

即学生独立地开展学习活动。自学，其核心思想是还给学生学习的主动权，保证学生有自主学习的时间和空间，自学的关键是学生的积极思维和独立思考。对

"自学"，不能简单地理解为就是让学生自己去学，一放了之。没有学习内驱力，没有目标要求，没有方法指点，自学必然流于形式，达不到自学的目的。也不能机械、片面地理解学生的"学"，以为只有让学生先看书，或者先学教师设计的教案，先做教师布置的任务等才叫自学。学的动力来自自身的积极性，学的核心是思维，学的途径和方法是多种多样的，否则，在纯演绎式的学习活动中，学生还是被动的，主体的创造性、积极性难以发挥和发展，因此不能实现真正意义上的自学。在"自学·议论·引导"教学法课堂中，一般有三种水平的自学活动：第一种水平是"接受性"的自学活动，即通过自学演绎性材料如教材、教辅资料等，习得知识；第二种水平是"生成性"的自学活动，即在新知识的背景中，或在凸显知识本质特点的情境中，自主建构新知识；第三种水平是"创新性"的自学活动，即由思维的拓展延伸、知识的迁移形成新知识。

二、议论

议论是指学生与学生、学生与老师之间开展小组或全班的交流讨论，是合作学习的基本形式，也是一种主要形式。研究实验中，我们非常关注和科学把握"合作学习"的内涵。在组织实施"合作学习"的过程中，不能光看重"合作"这种形式而忽略了"学习"这个核心内容。如果学生缺少实实在在内容上的自主自觉的思维活动，合作学习就会流于形式，达不到"学会""会学"的目的，数学这一"思维体操"的特质也就得不到体现和落实。引导学生开展有效的"议论"，基本经验有三条：第一条是变革学习观念。引导学生积极参与议论，增强合作学习意识，在认知、情感上增强对"议论"的积极体验，及时进行总结。第二条是有层次地将"议论"引向深入。组织"议论"时，要从学生思维能力的实际出发，逐步使"议论"深入展开。大约经历三个培养阶段：第一阶段是问答式。即教师根据学习要求提出明确的问题，让学生议论；学生可以直接从书本中、从自己原有的知识经验里或通过实验操作、演练计算寻找答案，做到有问能答。第二阶段是讨论式。即学生不仅能回答教师的问题，而且对问的内容和答的内容能联想延伸，产生新的问题或新的答案。第三阶段是议论式。即围绕一个较大的、内涵丰富的问题，引导学生依据自己的思路，自由发表见解，相互启发、促进，甚至展开热烈争辩，引起"连锁反应"。第三条是不断创设搞好"议论"的必要条件。概括起来，这些条件是教师的五"要"。即：（1）教师要有充分的准备，学生要有自学的基础，有进行议论必备的知识、能力，乃至于情感、愿望、意志等因素的准备。（2）教师要把握议论的时机。当学生的学习愿望还不够强烈，热情不够高，需要相互激励时；当学生个人的智慧难以解决问题，需要帮助或点拨时；当问题或课题范围广，内容丰富，需要群体智慧方能研究得深透时；当个人研究成果需要得到评价或交流扩大成果效益时等，一般通过小组或全班议论的形式，展开合作学习。（3）教师要把握住议论内容的深浅，保证能议得开，议得深，议得大家有兴味，能得益。（4）教师要创造一个能够平等、热烈、严肃认真、互助合作的交流思想、探求真理的和谐活跃的良好气氛；（5）教师要有灵活机敏、善于引导的机智和方法。

三、引导

即教师运用点拨、解惑、提示、释疑等方法发挥教师的引导作用。如创设合适的情境，生成课题，激发研究兴趣，明确研究内容和研究方法；根据学生学习中出现的问题，或进行启发性的描述，使学生得到仿效和借鉴，或对有关问题的前景进行生动的描述，使学生打开眼界，拓宽思路，或列举一些矛盾现象，选编一些容易发生错误的习题，让学生深入思考，总结经验教训，等等。通过教师引导，使学生自学有内驱力、有内容、有方法，使议论有序、有激情、有见地、有深度，最终使课堂学习达到预期目标。

总之"自学·议论·引导"不仅仅是教学环节，我们认为更要把它看作是教学的三个关键词，是教学的基本理念。这三个环节不是孤立的，"自学"是基础，"议论"是枢纽，"引导"是关键。三者相辅相成、融为一体；这三者不是封闭的，而是互为依托，是三者的对话；这三者也不是静止的，而是动态发展的。

在我校一年来的推广过程中，可以说是既有收获又有困惑，既有在实际教学过程中的成功应用，也有失败的教学方式的探索。对许多问题的认识，还需要在今后的工作和学习中不断地提高。

初中数学教学中"自学·议论·引导"教学法的课堂探究

兰州市第十二中学　高天举

新课改的浪潮层层推进，如何改进教学方法，让学生学会数学是我们数学教师永恒的研究课题。李庚南总结、提炼的"自学·议论·引导"教学法，在全国初中数学教学界产生了广泛影响。

一、"自学·议论·引导"教学法有教学模式

李老师认为，僵化的模式是没有生命力的，只要抓住了教学规律和本质，教学流程完全可以灵活。"自学·议论·引导"教学法有教学模式，即自学、议论、引导三个基本环节和个人学习、小组学习、全班学习三结合的教学形式，但没有固定不变的模式，而是灵活地、交替地运用个人学习、小组学习和全班学习形式，在"三结合"教学形式中贯彻教学的三个基本环节。比如，每节数学课的研究课题是由若干个小课题组成的，每个小课题的学习一般都经历自学、议论、引导三个环节。每节课的自学活动是这三种活动形式螺旋式上升的若干个循环，是生动、活动、动态变化的。

二、学程是教程的出发点和归宿

教和学的关系问题，是贯穿教学活动的基本问题，是教学改革和教学论的永恒话题。在中外教育史上，一些著名教育家都曾强调学生在教学活动中的地位和作用，主张要"把学习的基本自由还给学生"（陶行知语）。但更多的是强调"教师中心"，"树立老师的不容争议的威信"，认为除了这种威信，"学生不会再重视任何其他的意见"（赫尔巴特语）。长期以来，教师讲什么，学生学什么，教师怎么教，学生就怎么学，成为一种天经地义的教学理念和毋庸置疑的教学方式。李老师在"自学·议

论·引导"教学法中探讨了学生的学习过程和教师的教学过程的辩证统一关系，认为学程是教程的出发点和归宿。研究、引导并参与学生的学程，才能使之更好地内化和发展。教与学的研究是教育的本质——发展问题的研究，即老师自身获得发展，学生自主、自动、自由地获得全面发展。学生是通过教学过程中自身的学习过程获得发展的，因此教的教师要服从并服务于学生的学习过程，教学法与学法应统一，以生为本，以学定教，互动共进。李老师在"自学·议论·引导"教学法中强调让学生"自学"。"自学"包含了两个基本要义。一是把学习主动权还给学生，让他们自觉自主地学习，乐于学习，具有良好的学习精神；二是让学生学会学习，善于学习，具有较强的学习能力，包括良好的学习品质、学习习惯和学习方法，核心是要有好的思考能力和创新能力。这两个要义是互为因果、相辅相成、互相促进的。目的是使学生在学会知识中达到会学知识，在自学中达到自主学习。

三、"自学·议论·引导"教学法坚持发挥教师的积极引导作用

自学、议论、引导的三个基本环节中，"独立自学"是基础，"相机引导"是关键，"群体议论"是枢纽。三者相辅相成，融为一体，贯穿教学全过程。相机引导，即教师运用点拨、解惑、提示、释疑的方法发挥教师的作用。教师创设合适的情境，生成课题，激发研究兴趣，明确研究内容和研究方法；根据学生学习中出现的问题，或是进行启发性的描述，使学生得到仿效和借鉴，或对有关问题的前景进行生动的描述，使学生打开眼界，拓宽思路，或是列举一些矛盾的现象，选编一些容易发生错误的习题，让学生在实践中总结经验教训，等等。这些外因是对学生自主学习内需的激发关键，所以在课堂学习中，教师要充分地、智慧地发挥引导作用，将学生的自学活动提升为自主学习活动。学生只有在教师的引导下才能实现有意义的、有质量的、有效率的自学。所谓"教学"，我的理解是"启发学生学，教会学生学"。学生是在教师引导下自己学会的，在学会中达到会学的，在会学中既习得知识和技能，又掌握过程和方法，更发展情感。

四、教材是个"引子"，是个"参照材料"

教材是仿效借鉴的"依据"，是根据"课程标准"编写的，"课程标准"是我们教师确定课题学习目标的依据，"课程标准"的要求是教学必须达到的基本目标，应该说这是"一条底线"。我们教学时，应该"保底（课程标准）"但不"封顶"，使

每个学生获得各自最大的发展。李老师认为：目前，中学教学教材的编写方法是"演绎式"的，缺少真正意义上的让学生有自己个性的探究和归纳。因此，我们不能"照本宣科"，否则，非但教师本人的个性、智慧不能彰显，而且还会湮灭学生对课堂学习的兴趣或课前自学（预习）的学习习惯。所以，我们应认真学习"课程标准"，深刻研究教材编写者的意图、引例和例题的作用，书中练习、习题的类型、目的、要求等，对照学生的学习实际（知识与技能基础、思维水平和方法、学习兴趣等）用好教材。

五、教学效果得以提升

通过对上述一系列有关新教法体系的指导思想及具体操作要点的明确和落实，确保教学不受传统教学思想和方法的干扰、混同。在平时课堂中的大量运用，经过"自学·议论·引导"教学法尝试，取得了明显的教学效果，具体表现为：

1. 学生的自学能力有了明显提高。
2. 学生对基本知识、基本技能的掌握较为扎实。
3. 学生的数学综合运用能力和辩证思维能力得到较快提高和发展。
4. 学生的情感、性格等非智力因素得到良好发展。

总之，关注课堂中学生的学习情感，激发学生学习的主动性、能动性，努力改变教师提出问题让学生自学钻研的局面，营造激发学生自己提出问题的情境，运用评价机制激励学生自己提出问题，自己研究问题，并引导学生自我改进。

发挥"自学·议论·引导"教学法优势
培养思维能力　　提高综合素质

兰州市第五十五中学　庞　静

思维能力是智力结构的核心，在学习活动中起着主导与决定性作用。具备了良好的思维品质，就能学会如何学习，并将终身受益。思维是人脑对客观事物概括和间接的反映，思维是借助语言对事物的本质、事物之间的联系及其发生、发展与变化规律性的认识。思维以感知为基础，又超越感知的界限，是人类认识的高级阶段即理性认识阶段。思维有敏捷和迟钝、灵活与笨拙、简捷与烦琐、独立与依赖等特点，除遗传因素外，这些特点与环境密切相关。如果从教学方法的角度来考察高质量思维能力的形成，我认为"自学·议论·引导"的教学方法比常规教学方法，更有利于优质高效地培养学生的独立思维能力。因此，我在教学工作中始终把发展独立思维能力放在首位，坚持自主建构，以学论教，情智相生的基本原理。

一、依据"自学·议论·引导"教学原则，培养学习独立思维能力

我校在"自学·议论·引导"教学实验中，依据自组建构的原则，把有计划地培养学生的思维能力定为教学目标，贯穿于每节课的每个教学环节之中，努力增强学生独立思维能力。我们认为独立思维能力的形成依赖于独立思考问题的能力，即经过反复练习逐步形成的、不需要强制监督的自觉思维行为。

习惯分为良好习惯和不良习惯，自学过程中独立思考问题的习惯是良好的习惯，初中生由于受身心特点的影响，绝大多数活泼好动，意志品格和自控能力薄弱，因此必须坚持在每节课的每一个教学环节中坚持培养学生的良好思维习惯和独立思维能力。

（一）重组教材内容，把握学生思维方向

在"自学·议论·引导"教学过程中，每节课的启发都需要教师以简短精练、

寓有启发性的几句话交代清楚所要思考的问题，激发思维兴趣，指导思维方向。从而使学生不仅明确了思维的目的，也便于各知识点的融会贯通。

（二）指导用心、用脑读学材，讲求阅读质量、效果

思维活动是借助于语言实现的，语言是按照一定的语法规则所组成的符号系统，思维与语言关系密切，注重语言训练，引导学生用心、用脑读书是培养学生良好思维习惯和独立思维能力的基本途径之一。我在"自学•议论•引导"教学中，高度重视阅读对思维能力形成的迁移作用，优先发展学生的阅读能力。在读书过程中，学生往往易出现惰性，不肯认真逐字逐句地读，对知识了解得不系统，环节不清楚，所以每节课教师都要检查学生读书的情况，指出课本中的一句话或某一段话，要求学生说出含义，并且经常渗透"学材是一课之本，习题集是课本的辅助工具，绝对不能只重视习题演算而轻视读书"的道理。当学生提出问题时，可请其他同学解答，如果答得正确，老师应继续让他说出思维过程和解题方法，此时学生便会结合学材课本，做出清楚准确的回答，然后读出学材中有关语句，把认真读书的学习过程展示给大家。对于那些不认真读书，急于解题而又百思不得其解的学生，老师不要当即给出解题方法，应陪他认真读书，使其从课本语言中获得解题的基本思路。总之，读书是自学引论引导教学法的一个非常重要的教学环节，教师必须给予高度重视。学生读书时会常出现反复，一旦发现学生不认真读书，必须给予及时帮助，对于难懂的句子不回避，而是鼓励学生仔细分析，在理解的基础上把原句复述好，我们要求学生结合图形准确复述，从中体会几何定理、定义的语言特点、含义和美感。

（三）实施分层次教学，培养归纳能力

归纳是指按照一定的标准，依据事物的特性将事物组成不同类别的过程。学生根据老师列出的知识框架图归纳出重点，并把知识点串起来，这样有利于加深学生对知识的理解。没有归纳的知识是没有用的知识，有人形容每个知识点就像一部机器的零件，如果是不合理的组装，则不能发挥作用，所以要及时把各个知识点固定在原有知识结构的适当位置。小结的方法可依据学生的差异情况，分层次提出问题，使不同层次的学生各有收获。

（四）抓住问题关键，遵循发展规律，提升自学能力

学习数学的目的一是为继续学习打下良好基础，二是培养学生的数学思想。抓住问题的关键，灵活应用定理善于从错综复杂的矛盾中发现主要矛盾，从而找到解决问题的最优方法，是培养学生独立思维能力的目标之一。为了使学生能把复杂的几何图形分解为基本图形，从中找到解题思路，在学习定理、定义时应从分析基本图形入手，确定解题思路，可让学生在复杂的图形中注意找到基本图形，添加辅助线时也应从构成基本图形考虑，探究问题的规律，这样既可加深学生对知识的理解，又能培养学生辨别本质和迅速反应的能力，同时也能掌握定义、定理在特殊情况下的应用。

二、培养独立思维能力的成效

几年来的自辅教学实践，使实验班学生在独立思维能力和综合素质方面有了明显的提高，体现出了优于对比班的良好效果。

1. 实验班学生喜欢自己看书独立思考，他们在其他学科的课堂上，也反对老师不停地讲述，尤其是政、史、地、生教材可读性强，学生觉得自己看得懂，希望老师先给看书时间，然后归纳问题，所任实验班课的各科教师在学生的"逼迫"下，逐渐开始引入并应用了自辅教法。受实验班学生要求的启发，学校组成了实验班任课老师教研组，定期收集学生意见，研究教学方法。老师们一致反映实验班学生知识面宽，思维活跃，对教师的要求高。因此教师备课时一定要下功夫钻研教材，精心设计教法，以满足学生的求知欲望。

2. 实验班学生独立思维能力较强，逻辑思维好于对比班。他们学习几何兴趣特浓，证题速度快、方法多，有的学生看例题时习惯于创造与例题不同的其他证法，并经常主动与老师阐述自己的独特思维过程及结论。

3. 实验班学生学习的主动性明显好于对比班。实验班学生特别好问，只要老师走进教室，就要解答学生提出的诸多具有独立创造思维特点的问题。对此新任初二物理课的老师感受颇深。有的学生在操场上看见老师还不停地问，而对比班学生提出问题就少得多。在对比班没有一个人能够解出正确答案，但也没有人主动向老师求问，只是等待着老师讲解。如在实验班就不会出现这种被动学习的状况。

4. 实验班学生学习的自主性明显增强。学生能够做到快者快学，慢者慢学，不受教学进度限制，平时也有70%的学生或多或少地超前学习，不仅数学如此，其他学科也是这样，在课堂上学习程度好的学生觉得当堂内容已经掌握就自己默默地学习下堂课的知识。有一次，数学老师因公外出，三天的数学课全部由学生自学，结果学生基本完成了这部分学习内容。对此老师给予了积极的鼓励性评价，用一课时进行了小解和答疑，就顺利完成了这三节课的教学任务。

5. 实验班学生课外辅助资料多，读书氛围浓厚。我校地处城乡交界，菜民与流动人口子弟居多，家庭经济状况、文化氛围相对较差，对比班只有三四个人买辅导资料，而实验班有70%的学生主动购买各科辅导资料，并能与教学和教材同步，自觉阅读练习。由于学生阅读广泛，眼界开阔，在学校组织的各类知识竞赛中，实验班的成绩遥遥领先。

6. 实验班学生信心强，在学校各项活动中表现突出。他们多次参加校、市及地区的比赛课与观摩课，课堂上学生敢于大胆发言，思路清晰、逻辑性强，受到了广泛好评。在片区数学教学示范课上，虽然有些知识已超出教材内容，但学生仍能够顺利接受这些新知识。实验班学生自发组建的足球队自寻对手，顽强拼争，多次战胜全校各班及联合队，并在与外校足球队的比赛中屡屡获胜，令兄弟学校刮目相看。

7. 实验班学生乐于接受新的思想观念。

8. 实验班的优生进步幅度大于对比班（见表1）。初一第一学期的期末考试前三名没有实验班学生，而到初二上学期末，实验班有三名学生名列年级之首，这些学生良好的学习习惯已经形成了强大的学习后劲。

表1 实验班与对比班成绩对照表

	2017—2018学年度第一学期1月月考成绩	2017—2018学年度第一学期期中考试成绩	2017—2018学年度第一学期十二月月考成绩	2017—2018学年度第一学期期末考试成绩	2017—2018学年度第二学期四月月考成绩	2017—2018学年度第二学期期中考试成绩
实验班	72.3	84.5	89.5	93.6	99.8	103.4
对比班	79.0	81.2	78.3	75.2	67.5	70.2

9. 实验班学生的学习耐力强于对比班，他们可连续进行较多内容的学习，如练一套题加上总结，约需一个半小时，多数同学都能始终保持清醒的思维状态，而且有60%的学生思维敏捷，许多习题一经老师点拨，就能准确解出正确答案。而对比班用同样的时间学习等量的内容，学生就会感到疲劳，他们对点拨式的提醒往往感觉不清，总希望老师讲得更细些，在耐力与思维深度上与实验班有明显的差异。

综上所述，"自学·议论·引导"教学法凝聚着李庾南的不懈努力。为打造有规则的自由课堂提供了鲜活的样本和可以复制的经验。不仅锻炼和提高了老师的教学水平，培养了学生的独立思维能力，同时促进了其他学科的教学改革。

随物赋形之巧　不着痕迹之妙
——有感于李庾南的"自学·讨论·引导"教学法

兰州理工大学附属中学　万海琴

一、"我不是为了荣誉而做！"

李庾南，从课堂里走出的卓越教育家！

提到她就不能不让人想到一串数字：从教 61 年；创造了"连续任职时间最长的班主任（53 年）"的吉尼斯世界纪录；如今 79 岁还在课堂上课，73 岁时还做班主任；拍摄并播出了 290 多节录像课、讲座，在 1989 年就已执教了 500 节公开课，56 个民族的孩子和老师都听过她的课；分期分批培训市内外初中数学教师 3000 余人次，培养出省特级教师、中小学正高级教师、地市级学科带头人等各类"种子教师"100 余名……

即使在获得了一项又一项荣誉之后，她依然坚持上课，她说："我有这份底气！因为我不是为了荣誉而做！"

一个人怎样才能把工作做到极致，也许这就是最本真的答案！

原中央教科所所长朱小蔓说，李庾南老师的钻研劲头和锲而不舍精神，她对数学教学、对学生的挚爱，她的端庄、儒雅、谦恭都给我留下特别美好的印象。

一个人怎样才能给人留下"特别美好的印象"？从李庾南老师的身上我们或许有些启迪，"人活着是要有一种精神的！"她的话直击每一个人的心灵！

南通市教育局局长郭毅浩这样评价李庾南老师：在李老师的心里，课比天大！李老师常需出席市里的一些活动，但不论什么情况，李老师总是把当天的课上好，视为第一位的事儿！其实"教书育人"并不复杂，这，就是！在李老师的心里，总是想着"今天，如何比昨天做得更好"。在李老师的心里，一直念叨着要做一名永远的园丁。她说，和孩子们在一起，站在课堂里，感到生命是那样的充实！

二、在实践的土壤上开出智慧之花

冰心说，成功的花/人们只惊慕她现时的明艳/然而当初她的芽儿/浸透了奋斗的泪泉/洒遍了牺牲的血雨！

我们学习李庾南的"自学·讨论·引导"教学法，"惊慕"于它的"大道至简"，她可以说是把准了教育脉搏的人，真正地炼得了教育的"真经"！

（一）自学——回归教育本真

我国近代教育家陶行知先生说过："先生们的责任不在教，而在教学，而在教学生学。"叶圣陶先生也认为，"教是为了不教"，让学生自能读书，自能作文，自能修改作文。在 20 世纪，联合国教科文组织的教育报告更明确提出要"学会学习"，在新的世纪，最不能适应社会要求的将是"不会学习的人"。教学的真正价值，不仅在于传授知识，还在于让学生在学会中达到会学、善学、创造性地学。在一线教学摸爬滚打了近 60 年的李老师深深地体会到了这些教育真谛，1978 年便开始了教学的改革，她对学生"自学"能力的培养是站在一个教育家的高度来审度的，绝不仅仅指向我们所理解的课前预习，而是包括接受性、生成性、创新性三个阶段。在这个过程中学生通过自己学习演绎性资料，包括教材、教辅资料以及同学讨论、教师点拨获得对知识的接受，我们一般意义上的自学也就仅限于此。但李老师引导学生追求的还有知识的生成性、创新性。怎样让知识化解、生长成为学生进一步接受更高层级知识的基础呢？她有序地培养学生的学习能力，通过让学生学会阅读、学会整理、学会迁移、学会总结、学会探索、学会评价等，通过同学间思维的碰撞以及帅生间智识上的平等交流，学生内在的智识呈螺旋式上升状态，从而思维得到拓展，知识能够迁移，不断获得新知，最终达到教学目标。她着眼于学生结构性知识的获得和学力的培养，认为学的核心是思维，这就抓住了数学这一"思维的体操"的根本特质。所以"自学·议论·引导"教学的核心理念是以学为本，旨在学力。

学习李老师的教育理念和教学方法，无不惊叹于她对教育真谛的深刻领悟，她的教学方法，不但是数学教学的"真经秘方"，也是语文教学的"不二法门"。回顾语文教育界的名师大家，从近代的叶圣陶、老一辈的钱梦龙，到当代的魏书生、李镇西、王荣生、郑桂华，以及近年来颇受一线教师垂青的肖培东、王君等人，赏读他们的公开课和教育理念，无不是首先重视对学情的考察和从学生的自学能力培养入手展开教学的。尤其是钱梦龙老先生的"三主四式"教学法，仔细读来和李老师的教学方法有"异曲同工"之妙。可见，凡是有所成就且做出重大贡献的教育家，都对教育的基本内涵有相当精准的把握。从某种意义上来说，李庾南老师就是用半个多世纪的教育实践在践行教育的本真面貌。

（二）议论——教学的真正意义是交往

我们这里所说的交往指的是课堂上的交流，包括小组内的交流、组与组之间的交流、老师与小组的交流、老师与全班的交流等。李庾南老师在《数学"自学·议论·引导"教学法》一书中说："没有交往就没有真正意义上的教学。"李老师对此（指交往）研究得很通透，有严谨的步骤和方法，表面看起来好学易上手，但这一勤查敏思的教学活动，绝不是一般意义上的课堂互动。我在这里就不再赘述了，我要论述的是这一教学过程的先进性。

原江苏省教科所所长成尚荣教授于2005年8月8日在《中国教育报》发表了一篇《一次对教育本质的穷究》的文章称："'自学·议论·引导'教学法既有理论支持，又富含和发展着教育理论。"李庾南老师对课堂教学交往的践行，和目前国际上关于学习研究的最新成果相吻合。美国帕林克萨教授和布朗教授（Palincsar & Brown）在1984年提出的互惠教学或许能为我们提供一些启示：学习的社会性（即情境性）强调学习首先发生在社会互动之中。那么，什么样的社会互动（即小组学习）才是有效的，得出的结论是：相互理解、决策共享和共通思考。正如苏联著名心理学家维果茨基（被誉为心理学界的"莫扎特"）所说，真正的学习，最高效的是情境学习。美国雷纳特·凯恩和杰弗里·凯恩（Renate. N. Caine, Geoffrey. Caine，1990）夫妇在《创设联结：教学与人脑》一书中说："需要把人作为一个完全的生命系统来看待，一个人的各个方面都深深地与其他每一个方面是网络连接的。"美国国家神经科学实验室最新研究表明：当人处于快乐、放松、兴奋、美好等情境中时，人的大脑新皮层（担负最高级功能，使用语言、思维等）最活跃，接受信息的能力最强，并且语言最丰富，思维最敏捷，接受整合知识能力最佳。李老师课堂交往的"五个要"：要师生充分地准备、要把握议论的时机、要把握议论内容的深浅开合、要创造平等互助和谐活跃的气氛、要教师灵活机敏地引导，无不和目前国际上最新的关于学习的研究理论相契合。可是李庾南老师40年前就这么做了！

（三）引导——随物赋形之巧、不着痕迹之妙

李庾南老师将课堂上教师的引导称为"相机引导"，"相机"一词可谓将其在教学中的"引导"之妙概括得非常准确。她说：即教师运用点拨、解惑、提示、释疑

等方法发挥教师的引导作用。……或创设合适的情境,生成课题,激发研究兴趣,明确研究内容和研究方法;或根据学生学习中出现的问题,进行启发性的描述,使学生得到仿效和借鉴;或对有关问题的前景进行生动的描述,使学生开阔眼界,拓宽思路;或列举一些矛盾现象,选编一些容易发生错误的习题,让学生深入思考、总结经验教训,等等。我想这个方法总结起来也就170多个字,可是践行起来恐怕不是一朝一夕能够达到的。2018年4月10日《南通日报》记者刘卫锋刊发了《教育家李庾南:"我最适合的是做教师!"》一文中说:"这两年,为了满足更多的家长和学生享受优质教学的需要,李老师逐班'走教'上课,每个班一次上足一个单元的内容,以保证教学的相对完整性。目前,已经完成了整个初二年级所有班级的一轮教学,进入第二轮循环。每学期的工作量都在100节课以上!李老师的备课笔记都是手写的,重要的地方用红笔标注出,仔细看,很多地方都设计了N种教学策略,她说会根据现场的实际情况选用最适合的方式。难怪每到一个单元快结束的时候,孩子们会给李老师送上鲜花,一是表示衷心的感谢,二是希望李老师能尽快再给他们上课呢!"我想,李老师的课之所以如此受欢迎,是因为她的教学达到了"进乎技矣"游刃有余的境界!俗话说"十年磨一剑",而李老师心无旁骛地磨了六十年的课,她的教学怎么能不达到"随物赋形之巧、不着痕迹之妙"的境界呢?

我不由得想起今年暑假到南京培训时南京师范大学教育学院副院长邵泽斌教授说的一席话:教师对人的生命的感悟,对鲜活的生命的精准认识,通过自身体验引领学生,师生间依赖情感交往构成的默契关系等,决定了教育职业的不可替代性。他进一步说,知识性东西都是小技能,教师的根本性技能是把学生学习的欲望点活,将学生良知激发。

李庾南老师的课堂点活了学生求知的欲望,她用五十多年的班主任艺术激发学生良知,人们感受她的课堂"既端庄大气,又温婉细腻",是因为她的教学达到了炉火纯青的教育艺术境界啊!

三、用理智和情感感知周围世界

李庾南老师曾说:教师,就是创造美的人。李老师的课堂教学,就是美的教学,是臻于艺术的教学,这样的艺术境界是怎样练就的呢?

1967年斯泰克发表的《评价的面貌》一文指出,第三代教育评价是审美评价,评价本身就是目的,评价目的就是让学生品德好、精神好、身体好,形成健康的人格。……一个教师最伟大的能力，一是看他会不会审美，会不会正确地赞美别人，赞美别人就是反思自己。二是善于观察、了解、研究儿童，比儿童更好地发现自己。我想李庾南老师就是有形或无形地践行了这样的科学教育规律的人。

李庾南老师教学艺术的不断升华，与她做了53年班主任工作有密切的关系。在与学生朝夕相处中，学生的一颦一笑、举手投足她都了然于胸；学生在学习知识过程中的渴求、肯綮、繁难、顺畅，她通过细微之处，就能觉察得一清二楚。"教室里的小小波动往往传达着学生情智变化与发展的关键信息，教师必须适时采取相应的情感应答。教师'不仅用理智而且用情感感知周围世界'，感知学生的内心需要，特别是学习有困难的个体或群体的心灵世界。"

我不由得想起了卡夫卡的一句话：我通向同人的道路非常之长。当我学习李庾南老师时，我深感到这句话的分量。

我想借用南通市教育局局长郭毅浩定义李庾南老师的话，那就是：道德优美、学术纯粹。作为李庾南老师精神的追随者，我们学习她的时间将永远在路上！

（作为一名语文教师，学习了李庾南老师的"自学·讨论·引导"教学法，有感于她为教育事业勤谨奉献的一生，该教学法使数学教学和其他学科的教学效果显著，而作此文。）

"自学·议论·引导"教学法结构分析研究

兰州市第三十一中学　张东年

李庾南，女，1939年出生，1957年任教于南通市启秀中学至今，李老师从教61年，献身教改40年，专著9部，40多项教学成果奖，100多篇论文，200多节示范课，260多讲课堂教学实录，在连续8轮教改实验中创立享誉全国的"自学·议论·引导"教学法及其流派。成尚荣先生认为"自学·议论·引导"教学法（以下简称"该法"）"是对教学过程本质的研究，是教学体系的建立"。尽管对该法主张知晓率、引用率较高，但把教学法作为一则成功范例的研究，仅散见于国内一些学者的专著、期刊文献中，对该法系统研究尚于起步阶段。但是，对该法系统研究有利于系统化、专业化淬炼李老师多年初中数学教育教学实践经验，总结该法教学思想，更好地指导素质教育实践；有利于该法体系进一步完善和突破；有利于拓展和深化该法研究的理论基础；有利于帮助年轻教师的专业化发展，提高数学课堂教学效率。

教学方法的构成从宏观上可以划分为：时空结构、组织结构和逻辑结构。本文拟以时空结构、组织结构和逻辑结构三个维度对该法进行结构分析，试图完善体系和拓展理论基础。

一、"自学·议论·引导"教学法的时空结构分析

教学方法的产生与发展，受着许多因素的影响。各个时代的教学方法除了继承以前教学实践中行之有效的方法，都有一些反映某一时代的具有代表性和倾向性的教学方法。在当代，生产和科学技术迅猛发展，知识总量急剧增长，而且更新过程空前加快，这就对教学提出新的、更高的要求。要求教学不能仅仅满足于使学生掌握一些现成的知识，而应着力发展学生的能力，尤其是独立自学的能力。20世纪七八十年代教学发展基于对20世纪六七十年代教学现代化运动的批判和否定，着眼于

教学过程的民主化、人性化、人道化，着眼于学生个性的发展、自由、自我解放而形成一些有影响的教学流派，而教学实践的外部条件的变化以及教育教学的发展为"自学·议论·引导"教学法的产生提供条件。

（一）"自学·议论·引导"教学法的历史发展过程

该法实验探索自1978年开始，至今经历40余年。它发端于初中数学教学，随着时代的发展，教学改革的深入，它由创建"初中数学'自学·议论·引导'教学法"到推广、拓展成为教学一线广为流传和持续发展的教学流派，先后经历了起步、发展、高潮、深化四个阶段。

1. 起步阶段（1978—1990年）

该阶段主要是在检讨、反思教学现状的基础上，针对当时教学中存在的问题，确定了研究和改革的方向，经历了"学生自学数学能力及其培养"（1978—1985年）和"自学·议论·引导教学法的创建与实验"（1985—1990年）这两个研究阶段。

2. 发展阶段（1990—1998年）

该阶段主要在对学法和教法的研究基础上深入一步，把重点放在对学程与教程、"学程导进"的研究上，形成了"优化学习过程，改善教学结构"（1990—1995年）和"学程导进技艺研究"（1995—1998年）这两个研究课题，其主题是关注学程与教程的内在关系。

3. 高潮阶段（1998—2009年）

该阶段主要经历了三个研究阶段，"主体性教育研究"（1998—2002年）、"初中学生学力的形成及其发展研究"（2002—2005年）、"初中学生学力发展与评价研究"（2005—2009年）。该阶段比较集中地对学生的主体地位及其内在核心因素——学力问题进行探索，进一步确立该法"以生为本"的教育观和"能力为重"的价值观，研究更具整合性、统领性和现实指导性。

4. 深化阶段（2009年至今）

这一阶段开展江苏省教育科研重点规划课题"学生学力发展与课堂教学创新——'自学·议论·引导'教学新探究"（2009年至今），该阶段着力于研究该教法的教学风格，有组织、有步骤、有计划地通过各种渠道，应用各种形式提升教师的教学理念和教学艺术水平，逐渐形成"李庾南教学流派"，逐步发展成为江苏教学流派（称"苏派"）的典型代表之一。

(二)"自学·议论·引导"教学法的历史地位

按照教学方法的外部形态和这种形态下学生认识活动的特点,把我国中小学比较常用的教学方法分类为:(1)以语言传递信息为主的方法;(2)以直接感知为主的方法;(3)以实际训练为主的方法;(4)以欣赏活动为主的方法;(5)以引导探究为主的方法。而以上是教学方法的基本要求(李秉德《教学论》)(见表2)。

表2 我国中小学教学方法的基本要求

教学方法	基本要求
以语言传递信息为主的方法	科学地组织教学内容;教师的语言要清晰、简练、准确、生动,并富有感染力;善于设问解疑,激发学生积极的思维活动;恰当地配合和运用板书
以直接感知为主的方法	事先做好准备工作;引导学生有目的、有重点地进行观察;引导学生做好总结工作
以实际训练为主的方法	对学生的实际训练的活动要进行精心设计和指导;调动学生实践的积极性,培养动脑、动口、动手的实际操作能力;重视实际训练结果的总结和反馈,培养学生自我监督、自我检查和自我评定的良好习惯
以欣赏活动为主的方法	引起学生欣赏的动机和兴趣;激发学生强烈的情感反应;要注意学生在欣赏活动中的个别差异;指导学生的实践活动
以引导探究为主的方法	依据教材的特点和学生实际,确定探究发展的课题和过程;严密组织教学,积极引导学生的发现活动;努力创设一个有利于学生进行探究发现的良好情境

"自学·议论·引导"教学法的发展,非常注意保留和吸取我国中小学各种教学方法的精华,并对传统教学方法的缺陷以及运用中存在的问题加以改造和发展,赋予它浓厚的时代特色,使之担负起新的使命。

二、"自学·议论·引导"教学法的组织结构分析

(一)"自学·议论·引导"教学法的构成要素

在"自学·议论·引导"教学法的教学活动中究竟都包含着哪些要素呢?有必要认真分析一下。

第一,教学法的实施对象是学生,没有学生就没有必要组织教学活动,更不会

有实施该教学法的可能。在教学中主要是学生在学习，学生是学习的主体。所以学生是该教学法的根本因素。

第二，任何有组织的教学活动都是为了达到一定的教学目标，教学法的实施是为了更好地实现教学目标。所以教学目的也是该教学法必不可少的要素之一。

第三，在学校教育中主要凭借教学内容完成教学目的。所以教学内容是该教学法中最实质性的因素。

第四，教师主要是依靠教学实施并运用课程教材来使学生学习，从而达成教学目的。在教学实施中该教法就教学形式、教学环节和教学课型有明确论述。所以，教学实施是该方法的一个要素。

第五，任何教学活动都必须在一定的时空条件下进行，这一定的时空条件就是无形和有形的特定教学环境，无形环境包括师生之间、同学之间的人际关系，校风班风，还有课堂上的气氛等，有形环境包括校园内外的物理环境，因此，教学环境必然构成该方法的一个要素。

第六，教学是在教师与学生之间进行信息传递的交往活动，这种信息交流的情况主要靠反馈来表现。该方法强调教的一方面，也重视学的一方面，因此，反馈是该方法的要素之一。

第七，教学活动中主要是教师指导学生学习，该教法要求教师从学生实际和课程标准、教学目标出发，重组教材内容，实施单元教学，明确教师是学生学习活动的参与者、合作者、引导者。因此，教师是该教法绝对少不了的要素。

（二）"自学·议论·引导"教学法的构成要素之间的关系

以上七个要素之间的关系是相互影响的，情况是错综复杂的，本文试就它们之间的关系，概要地加以分析。

首先，学生是学习活动的主体，确立了该教学法"以生为本"的教育观。所有构成要素都是围绕着学生这一主体而组织安排，教学目标的达成也是从学生身上体现出来。

其次，教学目标确定后，它又制约着教学实施的全过程，可以说，教学目的主要是通过具体教学内容与教学实施而实现的。

再次，教学内容受制于教学目标，也受制于学生本身的情况和发展。至于教学实施，它主要受制于教学内容，它是为了把教学内容化为学生的知识、能力、思想和情感，为达到教学目标服务。在教学实施中，必然也受到教学环境的制约，教学实施最终是由教师掌握，因此，教师的教学能力，对于该教法的效果起关键作用。

教学环境在一定程度上制约教学实施，同时教师和学生也可以去制约教学环境。反馈是师生双方主要围绕教学内容和教学实施而表现出来。

最后，以上要素都对教师产生影响，或者说，它们大都是通过教师来影响学生的学习活动的，那么教师在整个教学实施中发挥主动性去调整、理顺各要素之间的关系，因此，教师在教学实施中起着主导性作用。而这种主导性所产生的效果如何，最终从学生方面检查，因为学生是学习的主体。

三、"自学·议论·引导"教学法的逻辑结构分析

"自学·议论·引导"教学法的理论与实践发展过程中，从反思教学现状，着力改变学生的学习方式，到构建自学能力发展的层次序列框架，最后，通过关于学力研究，提出学力形成和发展理论。通过前期的研究实验，意识到用改革教法带动学生改变学法，创建"自学·议论·引导"教学法，进一步优化学习过程，改善教学结构，深化了对"学习活动"和"教学结构"的认识，提出"学程导进技艺"操作系统，最终探索了如何构建学力发展型的生态课堂。该教法的各要素相辅相成、融为一体，不是静止的，而是螺旋上升、动态发展的。

（一）"自学·议论·引导"教学法的教学目的

"人类活动的效率追求看起来是手段的追求，然而在本质上却是目的的追求"，人们在对教学活动效率的追求中恰恰忽视这一点。在教学活动中寻求教学效率和教学目的的统一是极为必要的。

通过实验研究揭示了学生自学能力的实质和内涵，强调培养学生能力的实质是思维能力的训练，将学生自学能力的层次序列归纳为六个"学会"，即学会阅读、学会整理、学会迁移、学会评价、学会总结和学会探索。

深化对"自学能力"和"自学活动"的认识，学习主体的自学能力和自学活动是在发挥其主体性基础上的动态、发展中的统一，认为有效的数学学习活动过程中，有四个方面的结构变量值得重视。（1）活动的目的性；（2）活动的积极性；（3）活动的独立性；（4）活动的创造性。

通过长期教改实验，进一步调整、充实、完善、优化与数学学习过程相适应的教学要素体系，注重探索认知体系及其顺序结构、两重因素的协调结构、控制因子的层次结构等。其中，主体认知体系的顺序结构是从教学认知体系发展研究中概括

得出，自学能力发展的层次序列框架是学生自学能力发展的客观规律的体现，这两者之间具有相关性，如图1。

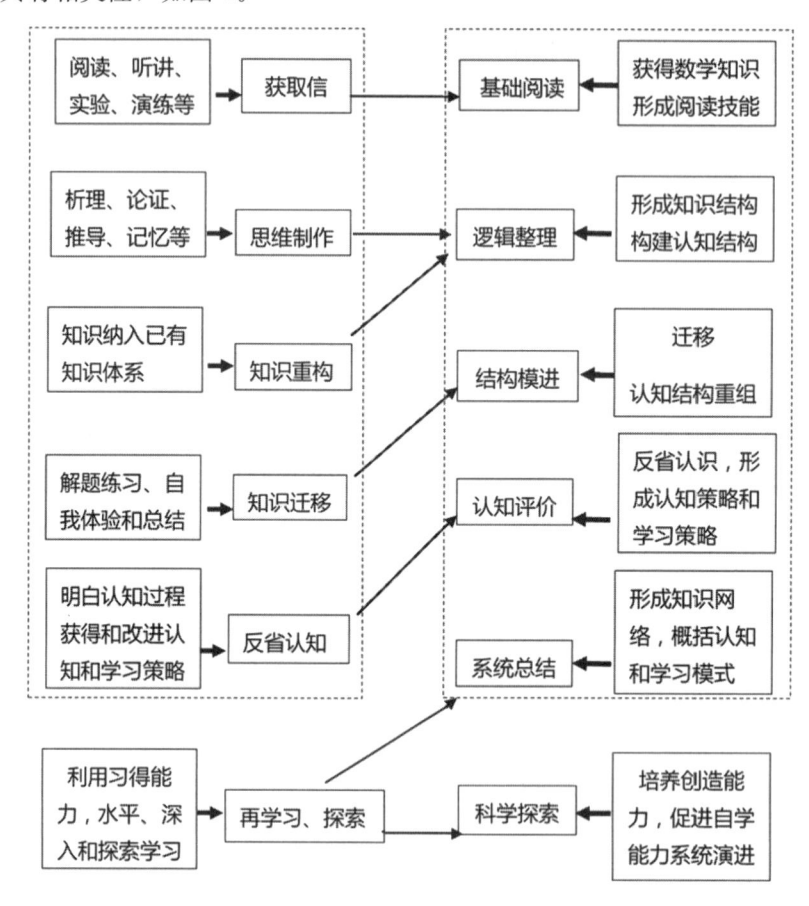

图1 中学生构建认知结构示意图

反思以往研究和实践，对学生能力的理解，更多地侧重于学科的自学能力，尚未从学生整体素质的提高、全面发展和终身发展的高度，进行全方位、多层次的考察和把握，对学生这个学习主体认识深入。为此开展"初中学生的学力及其发展"研究，提出学力形成和发展理论，包括学力的内涵、学力形成和发展的特定和学力的基本结构。其中，学力的基本结构主要从两个不同的视角进行分析，一方面是横向结构，即从学力的内容领域来分析；另一方面是纵向结构，即从学力的层次侧面来分析，具体见表3。

表3 学力的基本结构

学力结构 分析视角	维度	内容
横向结构 （学力的内 容领域）	学识 要素	以认知为基本特征，包括基础性、工具性和专业性等方面的知识和技能
	能力 要素	在一切活动中必需的基本能力和学习行为结合，形成良好的学习能力。不仅指学习书本知识的能力，还包括修德养性、求知健身、实践创造以及收集、应用和开发各种信息资源的综合性本领
	心理 要素	良好的情感、意志、态度等心理品质
纵向结构 （学力的层 次侧面）	基础性	由读、写、算等基础能力综合形成对人的发展、提高具有奠基意义的学力
	发展性	在前阶段形成的学力基础上提高发展，并成为现实的，且还处于不断发展和提高状态的学力
	创新性	具有强烈的创新精神和良好的创新能力，是"未来学力"

（二）"自学·议论·引导"教学法的教学实施

1. "自学·议论·引导"教学法的构建

改革以"教师讲学生听、满堂灌"为基本特征的旧的教学方法，提出和开展关于"创建自学·议论·引导教学法"的实验研究，逐步形成具有特色的教学体系，主要是针对教学内容、教学环节、教学形式、教学课型和教学环境的改变与创建。

（1）教学内容

改变以往"教材中心"、照本宣科的做法，从学生的实际、课程标准和教学目标出发，重组教材内容，实行单元教学。单元的划分要注意与学生的自学能力、知识体系以及学生思维能力的发展和技能技巧的训练相适应。通过单元教学拓展了学生学习的时间、空间，扩大了独立学习时的活动范围，为课堂教学方式的改革创造了条件。

（2）教学环节

改变前期以来机械沿袭凯洛夫的课堂教学五环节，创建并灵活运用自学、议论、引导三环节。以"自学"为基础，"引导"为前提，"议论"为枢纽。自学（独立学习）是指在教师指导下，积极、主动、自觉地从信息源各种载体和交往中获取信息而内化的过程。自学形式有个体在阅读、钻研中的自学；有在群体议论中的自学；有在个体与群体结合，练习和议论为主的自学。

议论（群体议论）是指课堂教学中，学生在教师的指导下，师生之间、生生之间围绕对知识的理解和掌握学习方法、思维方法，以及学习的情感、意志、态度等较为广泛、充分地进行交流。议论的范围有小组和全班两种。

引导（相机引导）是指在教学过程中，教师正确地发挥主导作用，尊重学生的主体地位，激发意向、启发思维、点拨疑难、指点方法，让学生自己学会、会学；促使学生的全部心理活动积极有效地进行和健康地发展。引导过程中常常采用示范性引导、例证性引导、展望性引导、逻辑性引导、反驳性引导、诱误性引导和探讨性引导等引导方式。

三者互相联系、互为依托，以动态发展的形式构成了有机的课堂教学整体，体现了一种新的课堂教学结构观。

（3）教学形式

改变了单向传输和班级授课的教学组织形式，创建个人学习、小组学习和全班学习的三结合教学形式。这样既可以发挥班级授课的高效性和统一性，还可以结合自己的实际，按照自己的步伐前进。

（4）教学课型

改变课型单一的状况，创建了自学课、讨论课、习题课和复习课四种基本教学课型。

（5）教学环境

改变沉闷的课堂教学气氛，创建生动活泼的课堂生态。气氛和谐、关系融洽，体现了师生之间和生生之间是一种支持型气氛，积极健康的教学气氛，有利于情感和信息的交流。

2. "自学·议论·引导"教学法的教学技艺的探讨

教学技艺的探讨主要从四个方面开展，分别是激发情意、参与活动、调控策略以及取得成效后的转化、迁移。概述如下。

（1）创设情境，激发情意，引入新知。操作技艺有以下几点：①从传统文化入手，促进学习情意；②从生产、生活实际入手，营造事实情境；③从学习中的疑难或困惑入手，激发对知识的渴望；④从知识间的内在联系入手，激发猜想。

（2）参与活动，形成知识、技能，培养自学能力。操作技艺有以下几点：①设计问题链，展开知识的产生过程，逐步深化，形成新知，发展思维能力；②设计实验和演练操作，让学生在实践活动中获取知识和技能，提高自学能力；③运用"三结合"教学形式，开发交往学习的潜能；④运用评价，对学程中的情意、知识、技能、方法作出价值判断，增强自我完善意识。

（3）调控策略、掌握方法。操作技艺有以下几点：①让学生获得语言知识，即能说出学会了什么；②让学生获得程序性知识，懂得获取知识的过程，即能说出是怎样学会的；③让学生获得策略性知识，即能说出自己改进学习方法的策略。

（4）取得成效，转化、迁移。操作技艺有以下几点：①对所学知识系统化、逻辑化、结构化；②对认知过程进行认知，总结经验教训；③理论联系实际，应用新知识解决问题，实现知识迁移、拓展；④获得成效，进一步激励学习情意，进入新知识学习。

3."自学·议论·引导"教学法的升华

通过关于主体性教育研究和学力研究，在"自学·议论·引导"教学法的基础上构建学力发展型的生态课堂的框架和标准，学力发展型的生态课堂是以教师、学生、教材和教学环境等因素的动态情境为教学背景，以学生的亲身体验作为教学手段，以学生在生态情境中自主探究、合作交流、智慧高效为特征的课堂。构建学力发展型的生态课堂，主要把握以下几点。

（1）整体设计的和谐性。课堂教学既要从显性内容和隐性知识上进行整体设计，又要从三维目标的达成上整体设计。

（2）问题设计的生成性。课堂教学要关注教学的生长点，以生长点作为新的教学因素，同时在教学设计时应进行有效预设。

（3）知识建构的体验性。课堂教学中让学生在师生共同创设的情境中体验，在体验中获得新知识，在交流中再体验，从而主动建构知识。

（4）课堂环境的生态性。课堂教学关注学生生命的发展，让学生在自然、和谐的教学环境中学习。

（三）"自学·议论·引导"教学法的教学原理

"自学·议论·引导"教学法的教学原理概括为四个原理。

1.以学定教原理。"以学定教"，"学"既是学生的学情，包括其原有的基础、潜力、学习的意向等，也是学生的学习心理，包括学习动机、意志等。"教"要注重这些方面。

2.情智相生原理。该教法重视学生的非智力因素，认为非智力因素影响学生智力的发展。"没有交往就没有真正意义上的教学"。该法以情感价值观为教育目标之一，有利于学生全面发展。

3. 活动致和原理。该教法是以学生主动参与，学生学习兴趣和内在需求为基础，以主动探索、变革、改造活动对象为特征，以实现自学能力、思维能力和创新能力为主的实践活动。

4. 最近发展原理。该教法重视学生学习能力可能发展的普遍性，同时也承认实际发展的差异性，在整体优化的基础上鼓励个体突出，达到更高的发展水平。

"自学·议论·引导"教学法经过 40 年的实验研究，该教法的持久实验及普遍推广取得了理想效果，产生了较大影响。该教法具有很强的实践性，随着继续深入开展实验研究和实践探索，其理论性不断深化和拓展；该教法确立了以人的发展为中心的教学研究价值取向，表现出不断发展的综合趋势；该教法体系逐步走向成熟、开放和综合；该教法的实践研究也逐步得到加强。

本文试图从"自学·议论·引导"教学法的时空结构、组织结构、逻辑结构，这三个维度对该教学方法进行分析研究。使"自学·议论·引导"教学法体系进一步完善和突破，同时能拓展和深化"自学·议论·引导"教学法研究的理论基础。但因为研究者水平所限，本文中不当之处在所难免，期望后续对"自学·议论·引导"教学法的理论与实践进行更深入系统的研究。

中学道德与法治课堂"自学·议论·引导"教学法初探

兰州市第六十六中学　滕淑玲

一、更新教学观念，适应新课改要求

初中《思想品德》教材已全部换成了《道德与法治》，全五册变为全六册，增加了法治内容的比重，新教材在知识框架结构、编排立意上全部重新设计，在问题设计上，新教材问题设计开放，有梯度、有深度，富有思维含量。新教材注重学生已有经验，注重活动设计，注重拓展延伸，注重情景再现，注重学生情感体验，提倡内容活动化，注重课堂上学生的合作探究式学习，突出情感体验、道德实践在德育课程中的特殊价值。那么在新课程改革的今天，如何调动学生学习的积极性和提高初中道德与法治课堂教学的有效性呢？在学习了"自学·议论·引导"教学法后，我在初中新编教材道德与法治课教学中做了几点尝试。

（一）需要学生高质量的"自学"

在"接受性"的自学即通过自学演绎性材料如教材、教辅资料等，习得知识的基础上，更加注重"生成性"的自学，即在新知识的背景中，或在凸显知识本质特点的情境中，自主建构新知识；从而达到"创新性"自学的目的，即由思维的拓展延伸、知识的迁移形成新知识。

（二）是积极群体议论

议论是指学生与学生、学生与老师之间开展小组或全班的交流讨论，是合作学习的基本形式，也是一种主要形式。在组织实施"合作学习"的过程中，不能光看重"合作"这种形式而忽略了"学习"这个核心和内容。如果学生缺少实实在在内容上的自主自觉的思维活动，合作学习就会流于形式，达不到"学会""会学"的目的。

(三) 是有效引导

即教师运用点拨、解惑、提示、释疑等方法发挥教师的引导作用。根据学生学习中出现的问题，或进行启发性的描述，使学生得到仿效和借鉴，或对有关问题的前景进行生动的描述，使学生打开眼界，拓宽思路，或列举一些矛盾现象，选编一些容易发生错误的习题，通过教师引导，让学生深入思考，总结经验教训，使学生自学有内驱力、有内容、有方法，使议论有序、有激情、有见地、有深度，最终使课堂学习达到预期目标。

教师要引导学生开展有效的"议论"，首先是变革学习观念。引导学生积极参与讨论，增强合作学习意识，在认知、情感上增强对"议论"的积极体验，及时进行总结。其次是有层次地将"议论"引向深入。组织"议论"时，要从学生思维能力的实际出发，逐步使"议论"深入展开。大约经历三个培养阶段：第一阶段是问答式。即教师根据学习要求提出明确的问题，让学生议论；学生可以直接从书本中、从自己原有的知识经验做到有问能答。第二阶段是讨论式。即学生不仅能回答教师的问题，而且对问的内容和答的内容能联想延伸，产生新的问题或新的答案。第三阶段是议论式。即围绕一个较大的、内涵丰富的问题，引导学生依据自己的思路，自由发表见解，相互启发、促进，甚至展开热烈争辩，引起"连锁反应"。最后是不断创设搞好"议论"的必要条件。

概括起来，这些条件是教师的五"要"。即：（1）教师要有充分的准备，学生要有自学的基础，有进行议论必备的知识、能力，乃至于情感、愿望、意志等因素的准备。（2）教师要把握议论的时机。当学生的学习愿望还不够强烈，热情不够高，需要相互激励时；当学生个人的智慧难以解决问题，需要帮助或点拨时；当问题范围广，内容丰富，需要群体智慧方能深透时等，一般通过小组或全班议论的形式，展开合作学习。（3）教师要把握住议论内容的深浅，保证能议得开，议得深，议得大家有兴味，能得益。（4）教师要创造一个能够平等、热烈、严肃认真、互助合作地交流思想、探求真理的和谐活跃的良好气氛。（5）教师要有灵活机敏、善于引导的机智和方法。

"自学·议论·引导"不仅仅是教学环节，我们更把它看作是教学的三个关键词，是教学的基本理念。这三个环节不是孤立的，"自学"是基础，帮助学生真正学会学习，自主学习，创造性学习，享受学习。"议论"是枢纽，"引导"是关键。三者相辅相成、融为一体；这三者不是封闭的，而是互为依托，是三者的对话；这三者也不是静止的，而是动态发展的。

教学的真正价值，不仅在于传授知识，更在于让学生在学会中达到会学、善学、创造性地学。因此，在"自学·议论·引导"教学实验初期，我们就提出，学生是课堂的主人，学习是教学的核心，学会学习才是教学的目的。只有这样，教学才会有根本性变革。

二、新教材使用过程中存在的困惑

《道德与法治》新教材我们教师才刚接触，在教学中还存在很多困惑，如：如何对课堂生成部分进行恰当的承接、整合、转化，促使学生能够与教材设计的内容与问题产生共鸣或思想冲突，能够与自己的生活经验和真实的内在体验、感受进行对话，等等，这些问题都需要我们教师进行学习、思考和钻研。

总之，在新课改新教材背景下，道德与法治教师不能简单地进行知识传授，要做一名出色的引导者，组织学生自觉地进行知识探索，从而获取知识和能力，因此，教师自身要有创新精神，通过对教材的认真钻研，明确重难点，将知识进行归纳和整理，找到教学的突破点，然后让学生在教师的引导下积极自觉地进行学习，培养学生实践能力和钻研精神。

"自学·议论·引导"这一概念本身就是坚持教与学的统一，在实践中，我们也正是这么去努力的。在"引导"阶段，教师固然要充分发挥引导作用，即使在"自学"和"议论"阶段，教师仍然要发挥点拨、建议的作用，把自学和议论引向有序、引向核心、引向深度，培养学生倾听、协商、思考、创造的品质。忽视学生的学是错误的，忽略教师的教、漠视教师的教同样也是错误的，要坚持教与学的统一。这种教学的统一也体现了我国传统教育文化"教学相长"的思想和主张。

"自学·议论·引导"的课堂教学追求
——有规则的自由

兰州市第六十八中学　姚代霞

室外秋雨霏霏，室内春意浓浓。2018年5月24日，兰州市李庾南"自学·议论·引导"教学法在四十九中隆重举行。大家从不同区域满怀期待而来，将怀揣收获而归。

昨天，我聆听了李庾南教授的精彩报告，刚才又观摩了她精彩的授课与点评。

深入浅出、引人入胜的一节课，"看似寻常最奇崛，成如容易却艰辛"，生动展示和诠释了"有规则的自由课堂"就是"自学·议论·引导"的课堂，就是自觉主动、活泼生动、师生互动的课堂，就是问题导向、需求导向、效率导向的课堂，就是充满着爱、洋溢着情的课堂。我想，大家所见所闻，定会不虚此行；所思所想，定会不忘此行；所得所为，定会不负此行。这就是数学的魅力、数学教学的魅力、李庾南教授作为杰出教育家的魅力。

数学是"打开科学大门的钥匙"，数学教学是"训练思维的体操"，数学教师是帮助学生善于"用数学语言"去"发现上帝赋予世界的合理秩序与和谐"的人。我可以肯定地说，李庾南就是这样的人。她近60年如一日，以"连续任职时间最长的班主任"，创上海大世界基尼斯纪录。她从不止于"从教室里走出的教育家"的赞誉，越过"为生存而教育"，走进"为教育而生存"，践行"视教育为生命"，根植于心地热爱数学教学，挥之不去地献身数学教学，穷其心力地建树数学教学。凝结其不懈努力、涌动其勃发活力、洋溢其醉人魅力的初中数学"自学·议论·引导"教学法这项数学教学的重大原创性成果，为打造"有规则的自由课堂"提供了鲜活的样本和经验，引领万千师生守好底线，让"自学"成为奠基之道；绘好底色，让"议论"变为成长之枢；练好底功，让"引导"化为点金之术。

一、打造"有规则的自由课堂"，须守住底线，让"自学"成为奠基之道

数学教学的底线在于不忘常识，让数学教学有趣好玩、有用利人；不违常理，

让数学教学循循善诱、因材施教；不越常规，体现教是为了不教，学是为了会学。一个好的数学教师不仅要善于把学生的不会教会，还要善于把学生"已会的教为不会"。从一定意义上来说，"会学"比"学会"更重要、更基础、更长远，这是因为"方法的知识是更有用的知识"。自学是"会学"的一个重要组成部分，自学能力是诸多能力中不可或缺的重要能力。在李庾南的数学教学世界中，她赋予了"自学"丰富内涵和实践价值。

"自学"是学生在老师悉心指导下的自己学习。只有"知人者智"的教师，才能育出"自知者明"的学生。他人不能替代"自学"，"自学"也不能简单复制他人，越俎代庖是数学教学最大的天敌。想学是"自学"的前提，乐学是"自学"的动力，苦学是"自学"的态度，巧学是"自学"的提升，这是李庾南数学教学追求的深层意蕴。

"自学"是在遵循规律前提下的自然学习。对学生而言，"自学"方式与成长方式如影随形，良好的"自学"态度和方法决定着自身成长的速度和高度。"自学"首先是一个"自然过程"，然后才是一个"历史过程"。因此，作为"自然过程"的"自学"必然会打上"自然"的印记，既不能超越年龄的局限、个体的差异，也不能超越生命的乐趣、身体的健康。李庾南孜孜不倦地让数学教学尊重学生的个性，避免拔苗助长；尊重学生个体的差异，超越急功近利。

二、打造"有规则的自由课堂"，须绘好底色，让"议论"变为成长之枢

数学教学的底色是自主学习、合作学习和探究学习。绘好自主学习的底色植根于全面发展与充分发展相协调，绘好合作学习的底色源于因材施教与因需培养相结合，绘好探究学习的底色起于课堂教学与实践锻炼相统一。李庾南强调绘好底色，还须"议论"添彩。"议论"是学生自主学习基础上的交流、合作、竞赛，是对学生互动互学、互惠互利、互促互励学习的真切肯定、真情欣赏、真心帮助和真实促进。"议论"发生在学生之间、师生之间，表现为以一对一、以一对多、多多相对，生意盎然。既有提问质疑，也有请教应答，还有讨论悬思，生动活泼。李庾南的教学实践启示我们：把握"议论"活动产生的自然性、内容生成的随机性、过程推进的有序性、答案集成的多样性、综合应用的启发性，还须在绘好数学教学底色的基础上，善接学生的"地气"，从学生中来，为了学生；到学生中去，发展学生。唯有如此，"议论"才有源头活水，才可持续用力，才能久久为功。

"议论"的前提是问题导向。"问题是接生婆，它能帮助新思想的诞生。"陶行知曾说："小疑必问，大事必闻，才算学生"。数学教学提供的是科学思维方法，"议论"就是引导学生善于在数学学习过程中存疑质疑、找疑解疑、增长知识、增加见识。常言道："逆境是人获得知识的最高学府，难题是人跨入智慧大门的最近路线。"而"议论"正是破解难题的枢纽，这是因为"议论"是沟通教与学的渠道、连接学与思的桥梁、统一言与行的中介。

"议论"的过程是审美导向。"数学是一门精美的艺术。""哪里有数学，哪里就有美。"这是因为数学与艺术有着共同的美学特征，几何之美、对称之美、黄金分割之美、透视之美、和谐之美无处不在。李庾南认为，数学教学的重要使命之一就是让学生发现数学之美、认识数学之美、欣赏数学之美、创造数学之美。她以自己亲身实践向学生诠释数学之美，让板书灵动呈现数学之美，让备课教案展现数学之美，让教室环境渗透数学之美，在潜移默化之中提升学生的审美素养。

"议论"的结果是成效导向。她在数学教学过程中，既追求"有效果"，也注重"有效率"，还关注"有效益"。她主张有效教学的"有效"体现在使学生获得看得见、摸得着、能意会、可言传的进步和发展。

三、打造"有规则的自由课堂"，须练好底功，让"引导"化为点金之术

数学教师的底功正如叶圣陶所言："教师之为教，不在全盘授予，而在相机引导。"相机引导的实质在于"授人以鱼不如授人以渔"。

"引导"就是点数学之金成学生德行之术。具有底功的数学教师既不是单只搬运物品的"蚂蚁"，也不是单只肚中抽丝的"蜘蛛"，而是"应知辛苦为谁甜"的"蜜蜂"。李庾南就是这样的"蜜蜂"，始终如一地关注"解放学生心灵"，始终不渝地关注学生的心灵转向"仁爱、善良、智慧"。她善点数学为"真"之金，引导学生成为纯真之人、求真之人；巧点数学为"善"之金，引导学生成为容人之人、助人之人；能点数学为"美"之金，引导学生成为甜美之人、尚美之人；勤点数学为"用"之金，引导学生成为鲜活之人、创新之人。

"引导"就是点数学之金成学生智性之术。如果说李庾南是"知识的产婆"，那么"自学·议论·引导"教学法就是现代"产婆术"。她在数学教学改革中紧紧抓住核心概念、核心思维和核心方法，用多维诱发、多处点拨、多方引爆等方法，培养和提升学生的思维能力。她认为，数学教师的智慧就在于把数学知识激活，让数

学内在的生命能量呈现出来。她既是创造者，又是学习者；既是教育者，又是研究者；既改变学生，也改变自己。她坚信，学生不是老师讲会的，而是在老师的引导、指导、帮助下自己学会的。她始终如一地追求超越，不仅仅是超越别人，更是超越自我，与时俱进，刻苦求进，她的点金之术的全面奥秘深藏于从"建筑学"走向"生物学"、从"知识为本"走向"学生为本"、从"由外而内的制造方式"走向"由内而外的构建方式"之中。

数学教学是一个永无终点的旅程。马克思说："一门科学只有在成功地运用数学时，才算达到了真正完善的地步。"数学及数学教学自身也是如此。李庾南以生为本的教育观、旨在学力的价值观、和谐发展的质量观、资源共生的课程观和自主能动的生长观是一笔宝贵的财富，犹如燧石，越经敲打，越发灿烂。让我们记住并深化，"自学"就是强调放手让学生自主、自信、自为，"议论"就是强调学生在自主学习基础上的交流、合作、竞争，"引导"就是强调教师对点拨、促进、升华的认识和理解。不忘初心，继续前进；不辱使命，继续攀登，打造更多"有规则的自由课堂"，不断开创我省初中数学教学的新局面。

"自学·议论·引导"教学法对提升初中生数学素养的实践研究

兰州市第八十一中学　申晓君

在初中数学教学中，教师需要落实核心素养教学，帮助学生掌握丰富的数学知识与科学的学习方法，还要让学生形成数学思维能力与数学应用能力，认识到学好数学、应用数学的实际价值，形成数学欣赏与审美能力。只有让初中生形成了良好的数学核心素养，他们才能够在现实生活中应用数学模型、数学公式、数学思想方法等来思考、分析、解决现实问题，解决常规教育所存在的"知行脱节"问题，逐渐形成可持续发展的学习能力。为此，教师应利用"自学·议论·引导"这种教学方法给初中生提供广阔的探究空间，让学生成为建构知识意义的生成者，在知识生成中把握数学知识的客观规律，形成稳固的、灵活可迁移的知识结构。

一、学生自学为先导

"自学"是指学生自主展开的学习活动，也是"自学·议论·引导"这种教学模式的基本前提。在自主学习活动中，初中生可充分发展自己的学习潜能，调动自己的已有知识来解析新知，更新原有的知识结构，为"议论"做好准备。

就如在"展开与折叠"一课中，初中生需要学习立体图形与平面图形的相互转化。教师可利用数学实践活动来组织学生亲自制作棱柱模型，然后通过拆解与组装来探究棱柱的基本概念与特征。本班学生已经在小学数学学习阶段学习过基本的几何知识，也在生活中见到过许多以棱柱为原型的实物，而这就表明七年级学生已经具备了利用已学知识来探究新知的能力。因此，在本课教学中，笔者要求学生提前预习，自学棱柱的相关知识，还应主动通过模型制作来验证自己的猜想。在自学中，学生可认真记录自己所遇到的难点知识，为在课堂探究中与其他同学议论、交流打下基础。

二、合作议论为中心

初中生的逻辑思维能力、抽象思维能力虽然能够在数学学习中得到一定的发展，但是他们的思维方式依然以形象思维为主，且思维角度比较狭窄，无法全面看待数学问题。而且每个学生都有自身的思维优势，他们对事物的看法也不尽相同，所以教师应以合作议论来加强师生、生生之间的交流，使学生在议论与交流中完善自己的思维结构，构建多维思考活动。

就如在"水位的变化"一课中，笔者将 5 名学生分为一组，鼓励他们在组内展开合作探究。在合作学习活动开始之前，教师应该先让学生自学，引导学生重新回顾有理数的相关知识，然后提出"水文站实际水位与警戒水位相对位置"这个数学问题，组织学生在组内对水位问题展开合作议论。学生可以在组内就警戒水位、实际水位等概念展开探讨，了解设置警戒水位的实际意义，然后再利用数学知识学习警戒水位与实际水位的相对位置问题，利用有理数知识来表示二者位置关系的变化。在讨论中，笔者会出示真实的水位资料，便于学生利用有理数知识来表述实际问题。笔者在本课所提出的数学问题与现实生活紧密相连，以初中生已有的数学知识为基础，可让全班学生积极参与组内议论，充分发挥每个学生的见解与看法。

三、教师引导为后盾

值得注意的是，不管初中生的数学学习成绩有多么优异，他们的自主探究能力与合作学习能力有多好，他们依然需要在教师指导下获得学习进步。"自学·议论·引导"教学法便是充分分析了教师、学生在课堂教学中的角色定位，在强调初中生数学学习主体作用的同时，还指出教师也应发挥自己的教学引导作用。但是，教师的教学引导要做到适度、适时，切忌剥夺初中生的学习主动权，避免将所有的数学知识全盘展示给学生，压缩学生的思考与探究空间。

在学生探究过程中，笔者会充分发挥自己的宏观调控、学习辅导、问题引导等多种教师作用。比如，当学生的自主学习活动与议论活动受阻的时候，学生便可向笔者求助，展示他们的自学思路与议论过程，笔者会根据具体问题来提供教学辅导。就如在"统计图的选择"一课中，本班有一部分学生对条形统计图、扇形统计图、折线统计图等基本图形的探究不够深入，所以他们不能根据具体问题来选择合适的统计图。对此，笔者引导学生重新分析了各个统计图的特征及其应用条件，鼓励学生分析各个统计图所展示的直观信息，以此来总结统计图的适用环境。

总而言之，数学素养教学使得"学生为本"这个教学理念代替了"以教师、教室、教材"为中心的传统理念，所以教师应充分利用"自学·议论·引导"这种能够凸显学生学习主动性与创造力的教学模式来发挥学生的学习能动性，使学生在主动学、合作学的活动中逐步形成数学素养。

浅谈初中数学课堂"问题串"设计的实践与思考

兰州市第八十二中学　梁雅雯

开展数学教学的目的是培养学生的思维，培养学生的思维能力，主要是在解决数学问题中进行数学学习，这也是数学学习的重要枢纽，教师应当在课堂教学过程中根据学生的心理特点以及认知规律，将数学知识与能力、情感等构成数学问题，设计成数学问题串，激发学生的学习兴趣，引导学生能够由浅入深地进行学习和探讨，充分体现新课程标准倡导的学生的探究性与自主性。教师在设计数学问题串时应当重视自身的组织与引导作用，帮助学生进行解答疑问，鼓励学生进行探讨交流，使学生积极踊跃地参与数学学习活动，进一步开拓学生的数学学习事业，将学生的数学思维由浅入深地进行引入，使学生做到融会贯通，举一反三。

一、设计数学问题串的原则

数学问题串的设计必须具有鲜明的目的性，例如为什么提出这个问题？提出这样的问题，对解决最终问题有什么作用？所以教师必须深入挖掘教材内容有针对性地设计问题，并且进行准确的表达，同时要严格控制数学问题的数量与质量，在教学过程中应当删减得到选取难度适中的问题，符合学生的实际学习需求。能够确保数学问题，设计能够符合学生的最近发展区，才能够跳一跳摘得到。在教学过程中，教师应当有效导入新课程，要力争激发学生的数学求知欲望，引导学生在接触数学新知识后，在关键时期进行重点提问，有助于学生切实掌握本节课堂的重难点知识。在例题讲解之后，教师也应当根据学生的学习情况以及题目的变通之处进行巧妙设问，有助于培养学生的思维灵活性与流畅性，从而激发学生的数学学习能动性。

同时问题设置要具有层次性，能够照顾到全班学生，教师在备课时必须做到心中有数，在日常的教学与接触过程中，认真观察学生的微妙变化，捕捉容易被忽视

[1] 2019年第十七期《新课程》杂志。

的学生，通过设置具有层次化问题，调动学生的学习兴趣，使学生的学习水平都能够得到相应的提高。同时要根据教学目的以及问题的难易程度，有针对性地选择提问对象，对于较难的问题可以选择向基础较好的学生进行提问，学生回答完毕之后，教师再进行必要的讲解，使基础较差的学生也能够得到收获。

二、设计数学问题串的方法

（一）创设生活化教学情境，激发学生求知欲望

数学问题是数学的心脏，也是数学探究知识的生命线，所以教师必须创设栩栩如生的教学情境，在新课程改革标准下开展数学教学，教师应当加强生活化情境的有效创设，鼓励学生在探索新知识时能够加强新旧知识的有效衔接。将所学的数学知识应用于现实生活中，才能够做到学以致用，使学生感受到数学学习的重要性，教师应当鼓励学生大胆思考，勇于质疑，使学生切实体验到愉悦，感受到成功，享受到乐趣。

（二）创设个性化教学情境，引导学生自主探究

创设个性化教学情境，主要指的是在学生的学习过程中，能够以学生的个性为基础，根据学生的内在学习需求有针对性地拓展，使学生能够在轻松愉悦的环境下释放个性，展示活力，教师设计的问题串必须面向全体学生，同时问题的设计要做到因人而异，必须有关联性，鼓励学生勇于质疑，使学生在提出疑问的过程中能够与其他同学进行探讨交流，教师在此基础上进行适当的启发与诱导，使学生能够在已知与未知的条件间架设桥梁，从而加强知识的有效吸收。

（三）创设梯度难度的情境，鼓励学生合作交流

数学问题情境可谓是随处可见，教师应当设置精彩连贯的问题串，才能调动学生的学习兴趣，例如教师在讲解《多边形》中三角形角平分线时，教师可以设置问题：已知三角形 ABC，角 ABC 与角 ACB 平分线交于点 I，根据条件求角 BIC 度数。然后教师再列出假设条件，引导学生根据上述条件进行解答，通过设置梯度化情境鼓励学生逐层加深地进行合作探究，有助于激发学生的敢说敢想敢动的愿望，教师在此基础上因势利导，使学生在数学学习中都能够有所收获，感受成功。

结语

综上所述我们能够看出，在新课程改革标准下开展初中数学教学，教师应当树立以学生为中心的教学观念，根据学生的认知规律以及课程标准要求，有针对性地设计数学问题串，通过创设栩栩如生的教学情境，加强生活化教学与个性化教学。同时要设置具有梯度难度的数学问题内容，有助于学生更好地合作探讨，进一步发挥学生的学习主观能动性，有助于学生循序渐进地养成良好的学习习惯，增强课堂教学效率与质量。

基于核心素养下初中数学课堂教学的几点思考[①]

兰州市第六十中学 贠海仁

目前，在初中数学课堂教学中，大多数教师受传统应试思维的影响，对核心素养的教学引导缺乏正确理解，导致学生在学科素养的发展方面存在片面化、不协调等问题，阻碍学生的整体发展。同时，部分教师在核心素养的教学应用方面认识不足、理解不深，难以在实际教学中落实推进，进而造成不良的行为影响。因此，本文从初中数学六大核心素养入手，结合实际情况对此进行实践分析。

一、引入情境，培养学生抽象思维

相较于其他学科，数学学科具有抽象性、空间性的特点，对于思维空间正处在建设时期的初中生来说，难免存在一定的理解难度。而运用信息化手段，结合文本信息，构建相应的数学情境，不仅能降低学生对抽象概念的理解难度，还能培养学生的抽象思维，使学生在具象思维与抽象思维之间得到有效转化。因此，在数学课堂中，教师可以根据教学内容，引入图像情境，以直观图像代替抽象语言，进一步加强学生的语言理解，提高学生的思维意识。如在"生活中的立体图形"的教学中，为使学生进一步感受几何体的特征和分类、丰富学生对现实空间和图形的认识，对此，教师可以利用多媒体投影技术，将生活中的几何图形展示给学生，如金字塔、足球、笔筒、魔方等，既能调动学生的学习积极性，还使学生在图像中形成抽象思维，感受图形的魅力。

[①] 论文发表的刊号是：cn62-0021. 出版社：中学生导报社。

二、创新问题，塑造学生逻辑推理

问题是课堂教学有效组织的一个重要环节，也是塑造学生逻辑推理的关键所在。数学是一门相互关联、逻辑思维较强的基础学科，通过对旧知问题的引申与探究，可以帮助学生联想到新知的解决思路，进而达到融会贯通、逻辑推导的目的。因此，在数学课堂中，教师应从学生的实际学情入手，合理设计问题，创新问题形式，以旧知引新知、以旧问促新法，进一步提高学生的学习能力，培养学生良好的逻辑思维和推导能力。如在"多边形的内角和与外角和"的教学中，基于现阶段学情的考虑，教师可从"三角形的内角和是多少度"进行问题延伸，提出"四边形的内角和是多少""五边形的内角和是多少"等问题，并组织学生进行假设猜想、实践探究等活动，进一步加深多边形内角和公式的应用与理解。

三、分析实例，提高学生建模能力

建模能力是对现实问题进行数学分析、理解，并运用数学语言进行有效表达和解决的一种数学能力，其本质是对实际问题进行思考求证的解决过程。因此，在数学课堂中，教师应从实际情境出发，引导学生对相关问题进行分析、思考，建立模型，从而达到解决问题的目标。如在"应用一元一次方程——打折销售"的随堂练习中，教师可以针对例题中的数据信息引导学生进行建构分析，如"每件夹克的标价""每件夹克的实际售价""相等关系"等，使学生清晰地了解各数量之间的关系点，由此得出：设每件夹克的进价为 x 元，$(1+50\%) \cdot x \cdot 80\% = 60$，$x = 50$。通过对实际案例的分析与建构，不仅使学生掌握一元一次方程的应用方法，还使学生的数学观念得到加强。

四、趣味应用，丰富学生运算形式

数学运算是学生数学运用的一个重要体现，也是了解运算对象、掌握运算法则的基础技能。在传统的教学组织中，单纯的课堂练习难以激发学生的运算兴趣，影响学生的运算效果。而采取趣味性的课堂活动，改善学生的运算形式，优化其互动环境，将对学生学科素养的提升产生积极作用。因此，在数学课堂中，教师可结合实际情况，开展趣味游戏活动，调动学生的参与兴趣，提高学生的运算能力。如在

"整式的加减"的教学中，考虑到学生已初步掌握添括号法则、去括号法则，加强学生的运算能力，教师可以组织以"数字大富翁"为主题的游戏活动，通过对每一关卡的数学问题进行运算，如"把三项式写成单项式与二项式的差"等，获得前进"步数"。不仅能丰富学生的学习形式，还能提升学生的运算能力。

五、深化理解，构建学生直观想象

直观想象是培养学生空间想象、数形联系的有效途径之一。加强学生直观想象，有助学生对空间事物的位置关系产生直观理解，更易于学生探索问题的解决思路。因此，在数学课堂中，教师应根据学生的思维特点，运用多媒体手段，将图形的变化规律和运动特点直观地呈现给学生，并引导学生分析数学问题，推动思维发展。如在"从三个方向看物体的形状"的教学中，教师可利用多媒体投影工具，从俯视图、主视图、左视图的方向进行影像投射，引导学生的思想想象，建立学生空间架构。此外，教师还可以设置不同的"识物"小游戏，让学生结合形态变化，解决数学问题。

六、组织实践，强化学生数据分析

数学分析是对研究数据进行统计、整合、分析、推断的一种建构行为，有助于学生更为直观了解数据背后的内在意义。古人云："千里之行始于足下。"在日常教学中，灵活组织学生进行科学调查或统计分析，不仅能加强学生数据分析的能力，还使学生在实践探索中提高数学的应用体验，更易于激发学生学习数学、热爱数学的心理情感。如在"数据的收集"的教学中，教师可以根据学生的兴趣爱好和行为特点，开展生活小调查活动，如"你最喜爱的电视节目""小学生视力情况调查""上学交通工具的选择"等，不仅能加强学生对本课知识的掌握和迁移能力，还使学生在实践中体会成功的快乐，促进学生的综合发展。

综上所述，通过对数学学科核心素养的有效渗透与组织，采取引入情境、创新问题、分析实力、趣味应用等方法，不仅提高学生对抽象概念的理解效果，还使学生在思维建模、数据分析、运算能力等方面得到加强，进而推动学生全面发展。同时，从学生的主体学情入手，挖掘课堂教学中的核心问题，优化策略、改善环境，为学生创造积极、主动的发展空间，增强学生的认知能力，从而实现学生思维品质与关键能力的共同发展。

"自学·议论·引导"教学法在初中语文阅读教学中的实践探究[①]

兰州市第十七中学　姚正贤

一、自学在语文阅读教学中的应用

在初中语文阅读教学中，自学可以更好地调节"教"和"学"两者的关系，提升学生的学习能力，通过合作朗诵，进行多元的解读，坚持教学服务。阅读教学是初中语文课堂中十分重要的教学方式，也是最基本、最有效的方法之一，学生按照自己对文章的理解程度进行阅读。通过阅读，对课文进行充分的理解。多方式阅读是一个审美的过程，也是一种情感上的起伏，可以帮助学生获得独特的体验。在阅读文章过程中，可以注重文章中的叠词以及重点语句，注意文章本身的内容，使学生获得不同的学习体验。采用多种的阅读教学方式，可以帮助学生深入了解文章内容，陶冶学生情操。例如，在语文课文《背影》中，教师引导学生充分地阅读，并通过小组讨论的形式，互相表达自己对待文章的看法，每个学生阅读之后所感受的东西都不一样，通过讨论互相学习，同学之间相互评价，通过多种形式的教学结合，可以让学生走进文章的本身，感受文字潜移默化的魅力。

语文教师应当深入教材的本身，针对文章的内容创设针对性的情境，让学生学会换位思考，通过丰富的想象力分析评论文章，学生通过语言的应用以及对文章的理解，将情感活动和认知活动相互结合，深入了解文章的含义。在语文课堂上，教师为学生精心设计教学方案，让课堂充满激情，引导学生探寻知识，给予学生更多的信心，勇于大胆尝试，将所学的语文知识和生活中事物相结合，并从多个角度看待问题，拓展思维方式，让学生充满自信，并针对不同的文章发表自己的见解。

[①] 姚正贤《"自学·议论·引导"教学法在初中语文阅读教学中的实践探究》小作家选刊，2017.11。

二、议论在语文阅读教学中的应用

初中语文阅读教学想要达到更加生动的教学效果，就需要提升学生阅读理解和语言表达的能力。在语文课堂上，教师应当清楚地认识到自己的角色，在引导学生自主学习的同时，将学生作为课堂的主体，教师作为辅体，将主动权交给学生，鼓励学生相互交流对文章的看法，自主学习，提升对学习的乐趣。例如，在课文《三峡》教学中，阅读可以先导入宣传短片，通过悠扬的音乐以及美丽的画面，将学生引入情境当中，吸引学生的注意力，让学生感受到三峡是一个十分美丽、神奇的地方，迫切地想要到三峡看一看，这样学生很容易被带入文章的情境中，这也是"自学·议论·引导"教学法提倡和引导的。在语文课堂中，教师可以展示一些当地的画面，学生处于好奇心较强的阶段，渴望交流和沟通，通过讨论的方式可以加深学生印象，提升对文章的认同感，通过阅读文章，学生犹如身临其境，无形中拉近了文章和学生的距离，学生在课堂上可以畅所欲言，活跃课堂的气氛，在语文阅读教学中应用议论的方式，可以提升学生学习兴趣，课堂气氛变得更加灵动，相比于一些授课技巧，课堂讨论的效果要有效许多。

对于一些难以理解的文章，教师需要结合文章提出相应的问题，选择问题的难度，针对不同学习阶段的学生提出不同的教学方案。在课堂上，教师给予学生自由的空间进行阅读、讨论和思考，并结合文章内容设计难度不同的问题，引导学生逐层思考，引发学生的学习欲望，鼓励学生对待问题的质疑心理，引导学生独立解决问题，获取更多知识。

三、引导在语文阅读教学中的应用

德国教育家第斯多惠指出，教学艺术的本质在于唤醒和鼓舞，而不是在于传授本领。语文阅读教学内容应当更加注重学生情绪的引导和意志的建立，让学生更好地了解学习需求，满足交流的欲望，有效提升语文教学效果。教师鼓励学生深入探索，不仅在语文课堂上，在课下也要引发学生思考，引导学生思维迁移，激发学生的潜能，帮助学生提升整体能力，促进整体发展，提升思维能力和学习能力。学生通过一段时间的学习之后具备一定的感知能力和感悟能力，此时，教师再给予一些指导，可以有效帮助学生提升阅读理解能力。教师需要深入地了解学生对文章的理解程度，在课堂上鼓励学生多说，通过讨论发表自己的看法。促进学生全面发展，发挥学生集体智慧，在课堂上多多创新，在课堂中充分贯通"自学·议论·引导"教学法。语文理解性教学是两类物体的互相尊重，语文是一种无痕的教育方式，其对学生日常生活有很大的影响。教师与学生建立良好的师生关系，经常沟通，增强信任，有效对话。在语文教材中一般情况下只是提供思维模式，教师可以引导学生反向看待问题，将"自学·议论·引导"教学法合理地应用于教学中。

结语

综上所述，在初中语文阅读教学中应用"自学·议论·引导"教学理念，在课堂上可以更好地引发学生想象力，通过阅读，揣摩作者的意图，提升学生学习能力和审美能力，提高学生分析事物的感知能力，促进学生全面发展。

初中语文"自学·议论·引导"教学法的运用分析

兰州市第十七中学　彭斌芳

近些年在新课程理念不断深化的背景下,初中语文教学逐渐迎来改革浪潮,诸多新式的教学方法层出不穷,为初中语文教学增添了活力。"自学·议论·引导"这种教学方法,就是一种有效的教学手段,不仅契合了新课程理念下以生为本的教学思想,也可以达到因材施教的效果,对于初中语文教学意义显著。因此初中语文教师要对此形成足够重视,深入研究该种教学模式的实践运用,以促进初中语文教学活动的发展进步。

一、"自学·议论·引导"教学法概述

"自学·议论·引导"这种教学方法,其从名称上就可以看出来分为三个层次,即学生自学、组织议论和教师引导。通过这三个层次,就可以实现一个完整的教学流程。学生自学,就是学生根据教师所设计的学习任务进行自主学习,对课文进行阅读理解,等等。组织议论就是教师组织学生针对某个问题进行讨论分析,以此深化学生对于课文的理解。教师引导就是根据学生的讨论结果进行引申,实现横向或是纵向上的拓展,增强教学效果。

对于初中语文教学来说,这种新式的教学方法可以起到积极的作用,具体表现在以下几个方面。第一,突出了学生在课堂教学中的主体地位,不仅符合新课程理念的要求,也能够激发学生的学习积极性。以往的教学模式学生处在被动地位,完全被教师牵着走,学生自身的积极性不高。而在这种新模式下,学生可以展开自主学习,在任务的驱动下自主探索,这样就贴合了学生的实际情况,可以让学生发挥出自身的积极性。第二,能够加强学生在课堂中的思考,有助于学生思维能力的锻炼培养。传统教学模式下学生的思考活动是比较少的,往往是教师提出问题,学生尚未完全思考教师就开始讲解给出答案。在这种新模式下,学生可以在自学和议论

的过程中,发挥自身的思维能力进行思考,针对课文内容作出全面剖析。第三,可以强化师生之间的互动。传统教学模式教师以讲为主,学生以听为主,二者之间的互动比较少。而这种新模式具有组织议论和教师引导这样两个环节,在这两个环节中,教师和学生可以实现有效的互动交流,进而强化课堂教学氛围。

二、"自学·议论·引导"教学法在初中语文教学的实践应用

(一)设计任务展开自学

运用这种新式教学方法展开初中语文教学,首要环节就是让学生自学。而初中学生自身的能力水平有限,若要让其完全自主学习是不现实的,这就只能通过教师设计学习任务,让学生在任务的驱动下进行自主学习。比如,在教授《端午的鸭蛋》这一课的时候,教师就可以设计这样一些不同的学习任务,让学生自主选择任务展开自学。任务1:通读课文进行段落层次划分,说明作者为什么要写鸭蛋这样的一个题材,作者笔下的鸭蛋又表现出了什么样的特点呢?任务2:文中作者写到看不上其他地方的鸭蛋,他是真的瞧不起其他地方的鸭蛋吗?这体现了作者什么样的情感呢?任务3:高邮鸭蛋有什么特点,作者在文中专门提到了袁子才这个人,其用意又是什么呢?通过这些不同的任务,就可以让学生根据自己的喜好进行自主选择,然后在任务的驱动下进行自主学习。

(二)组织议论深化理解

在学生自学的基础上,教师还需要组织学生展开议论,如此不仅可以深化学生对课文中某些关键点的理解,也可以反映出学生的自学状况,为后续的教学活动铺垫基础。在组织议论这个环节,可以由教师提出一些议论问题,也可以让学生提出自己在自学过程中的疑惑,让全班学生进行共同议论。比如还是针对《端午的鸭蛋》这篇课文,在学生完成自学以后,教师可以提出这样一个讨论议题:端午节是纪念屈原的节日,但是不同地区在纪念饮食上却出现了较大的差异,这是为什么呢?通过这样一个议题,就从课文实现了拓展延伸,从端午的鸭蛋拓展到了端午节的饮食差异。而通过讨论,学生就可以进一步了解饮食差异是由文化差异所引起的,进而理解文章作者描写鸭蛋所表现出来的一种家乡文化。除了教师提出问题讨论,也可以让学生提出自己自学过程中的疑惑让全班学生进行讨论。比如有的学生提出:作者在文中写到高邮双黄鸭蛋多,甚至可以成批输出,我觉得这只是作者的主观臆断,

并不是事实。对于这个问题，教师就可以和学生共同讨论，分析作者这样写的意图，即为了突出高邮鸭蛋的特别之处，而进行了一定程度的夸大。

（三）教师引导拓展教学

在组织学生进行讨论的基础上，教师就需要进一步发挥自身的引导作用，进行拓展教学，促进教学效果的提升。具体而言，教学拓展可以从横向和纵向两个方面进行，这需要教师结合实际的教学内容合理把握。比如还是在教学《端午的鸭蛋》这篇课文的时候，在组织学生针对一些问题进行讨论之后，教师就可以进一步引导学生进行拓展教学。在横向方面，文章主要是针对家乡端午的鸭蛋进行了描写，不仅仅是写出了家乡鸭蛋的特别之处，更表现了对家乡的热爱之情。对此，教师就可以引入同类型的文章，如《云南的歌会》，虽然作者汪曾祺并不是云南人，但是对于云南歌会的描写却比本地人更加细致。教师就可以以此作比，引导学生思考文章写法上的差异，思想表达上的差异，等等。在纵向拓展方面，则是要加深学生对于课文主题情感的认知把握。这时教师可以结合汪曾祺的一些其他文章进行对比，如《金陵王气》《夏天的昆虫》，等等，以引导学生深入理解汪曾祺这个人，以及其文学作品的特点，从而加深学生学习的效果。

在初中语文教学中，运用"自学·议论·引导"的教学方法可以有效促进教学质量的提升，因此教师一定要对这种方法形成有效认识，理解其具体的开展流程。然后在实际的教学中，设计任务让学生自学，组织学生针对课文进行讨论，最后还要引导学生进行拓展，以最大力度提高教学效果。

2017年发表于《当代青年》

基于"自学·议论·引导"教学法中"提问式"引导策略的初中数学教学研究

兰州市第十七中学　张　锐

在初中阶段的教学当中，数学学科是非常重要的一个教学科目。如何提升初中数学教学的有效性，也是教师一直苦苦追寻的主要教育目标之一，而"自学·议论·引导"教学法则有效地解决了数学教学当中存在的一些困难。教师对于"自学·议论·引导"教学法中提问式引导的实际运用方法，则更加需要加强对其的设计。

一、当前初中数学教学现状

在对当前初中阶段的数学教学情况进行观察和分析后，主要发现了在初中数学教学当中存在着这样两个问题：

首先，学生对于数学学习的兴趣不高。在数学教学课堂当中，部分学生的学习兴趣不高，其数学学习水平也就因此而受到影响。出现这种现象的主要原因是数学知识本身便稍显枯燥，且随着年级的增长，数学知识的深度以及广度也进行了扩增。因此，学生对于数学学习则表示出更多的困难性。尽管初中阶段的学生理解能力和思维能力都在不断地发展，但是尚未完全形成，对于略显复杂的数学知识，学习起来则要更加的困难。其次，部分学校所选用的数学教学模式较为陈旧，出现这种情况的原因是因为受传统教学思路的影响，部分教师对先进教学模式的创建方法较为生疏，在进行数学教学时依旧沿用教师讲一遍知识、学生记一遍知识的方式进行教学。抑或是教师讲一遍公式，带领学生套公式进行解题，学生便也如此进行解题。在这样的教学模式当中学生的学习思路受到了限制，对于其思维能力的提高也存在着一定的阻碍性，由此导致了当前初中数学教学水平还是没有得到明显的提高。

二、在初中数学教学中运用提问式引导方法进行教学的策略

(一) 结合实际教学内容，创建提问式引导教学模式

为了有效地开展初中数学教学工作，将"自学·议论·引导"教学法中，引导教学法以提问的方式进行有效实施。教师可以将情境结合提问，设计出提问式情境来激发学生的探究欲望，有效地对学生进行引导，促使学生掌握更多的数学知识。例如，在学习到"全等三角形"这一部分的知识时，教师便可以引导学生对之前已掌握的三角形知识进行回忆，实行联系式的教学方法，将新旧知识进行衔接创造出更为有效的教学模式。教师可以进行如下提问："在我们看到本节课程要学的内容'全等三角形'时，我们之前已经学了三角形的相关知识了。那么大家知道全等三角形和三角形有什么关系吗？他们有什么样的不同呢？"在教师的提问下，学生便对将要学的知识产生好奇，并且回忆自己已经掌握的三角形部分知识。如果学生对新知识未能完全理解，就会积极邀请教师开展接下来的教学内容。随后教师及时代入接下来所要讲的教学内容。并且，在完成教学内容之后，教师引导学生解答之前自己所提的问题，形成一种再次巩固知识记忆的模式。在此教学过程当中学生对于全等三角形部分知识产生了更为深入的理解，实现了更好的教学效果。提问式的引导方式也能使学生进一步感受到数学知识的魅力，并且逐渐形成自主探究能力。

(二) 合理代入生活元素进行提问，加强引导教学实效性

数学知识本身便与生活息息相关，而在数学教学当中，结合生活元素对学生进行提问则能更为有效地引导学生掌握数学知识。并且，在利用生活元素培养学生和数学知识的共鸣时，学生对于数学的求知欲望能够得到更好的激发，学生的提问能力和质疑能力也能随之得到锻炼，最终帮助学生更加轻松顺利地进行数学的学习，掌握更多的数学知识。例如，在学习"勾股定理"这一部分的数学知识时，教师便可以从生活展开提问："假如现在给大家一块三明治，并且给大家两条直角边的平方和，大家能够算出另外一条斜边的平方是多少吗？"在教师的提问下，学生积极地进行思考，但是却都不得其解。教师接下来便进行计算，在得出计算结果之后，学生感觉非常的奇妙，并且，也想了解该如何计算斜边的平方是多少，随即教师代入接下来的课程。在此过程当中，教师选用生活当中学生接触到的生活元素进行对问题的设计，进而引导学生产生强烈的好奇心，对如何运用数学知识解决这样的问题的

方法产生较大的兴趣,从而在解答问题的过程当中更高效地掌握该部分的数学知识。

结语

数学本身存在着一定的枯燥性,对于思维能力和理解能力正在发展的初中生来说,则有着更大的困难。因此教师要合理利用好"自学·议论·引导"教学法当中的引导法,通过合理地设计问题,最终实现有效引导,为学生提升数学学业水平做出更大的贡献。

初中数学"学材再建构"的实践策略研究

兰州市第十七中学　乔国栋

在新课程改革不断深入的大背景下，如何有效地开展初中数学教学，提高学生的学习效率，培养学生的数学能力成为每一个初中数学教师的第一教学目标，因此各种各样的教学方法涌现出来，"学材再建构"就是其中较为出色的一种教学方法，这种教育方法追求教材转变为学材，在教学的环节当中实现利用已有的教材去升华教学的过程，让学生能够在学习的过程中实现自我思考和自我认知，能够较好地培养学生的数学综合思维。

一、"学材再建构"的意义

"学材再建构"是对传统教学方法的一种有效改革和补充，能够在传统教学方法的基础上实现国家所倡导的素质教育。传统教学就是灌输式的教学，是专门为了应试教育而产生的一种教学形式，这种教学形式在一定程度上能够提高学生的学习成绩和解题能力，但是对于培养学生的数学综合素质和自我学习习惯没有多大的帮助，因此在传统教学方法的基础上去创新和改革，实现"老树发新芽"的效果。

"学材再建构"在数学教学上的主要形式是单元教学，很多教师在教学的时候也会进行分课时分单元的教学，但是这种教学并不是"学材再建构"的教学方法，这种教学只是在教材的基础上，根据教材的要求进行的。而"学材再建构"是在充分分析教材教学内容的基础上，对教材内容进行有效的分割和重组，并形成一个个的教学单元，这种教学单元能够有效地将知识的前后进行融会贯通，降低学生学习数学知识的难度，提高课堂教学的效率，实现课堂教学和学生学习的双赢。

"学材再建构"在一定程度上打破了传统教学的弊端，能够有效地对教材进行重组，避免了传统教学当中的重复教学，也实现了教学过程当中点面结合，重点突出，从而实现在教师的引导下有序高效地学习。"学材再建构"也能够让学生在学习的过程中建构起初中数学知识的大厦，实现对初中数学知识的整体框架的认识，对于学生以后学习其他数学知识打下良好基础。

二、"学材再建构"教学方式的实施策略

（一）以课程标准为基准，确定单元教学总目标

在以教材为基础进行"学材再建构"的过程中，应当以课程标准作为学材构建的基准。课程标准作为初中数学教学的纲领性文件，在初中数学教学的过程中发挥着无可替代的作用，任何教材和学材的编写都应当以课程标准为基础，对课程标准进行深入的研读，在知识与技能、过程与方法、情感态度与价值观等方面进行充分的把握，能够在学材当中有进一步的体现。以课程标准为基准，确定单元教学总目标就是能够对课程标准当中所涉及的教学内容重新打乱、重新整理、重新组织，能够在已有教材的基础上，确定单元教学的总目标，能够对每个单元当中的知识体系进行基本的构建，能够实现知识教学的不重复，知识学习的高效率。

（二）以教材为主要参考，确定单元教学知识结构和内容

在初中数学教学的过程中，每个单元所涉及的内容是不同的，而根据不同的单元去设计不同的知识框架结构也是很有必要的。在以教学标准为基础确定了每个单元的教学目标之后，就应当对单元教学知识内容和框架进行整理和分析，以便能够实现每个单元教学知识点的全覆盖，和相关知识点在教学过程中的学习、复习和深度掌握。就是在确定单元教学知识结构和内容的时候一定要兼顾灵活性和创造性，实现对教材的活用，而不是依据教材去制定所谓的单元教学知识结构。在参考教材的过程中，可以将不同单元的知识点进行融合，以便能够让学生更好地去理解相关的教学内容，实现教学效率的提高。

（三）以学情为基础，确定教学方式和方法

学情就是学生学习的情况，教师在确定教学方法的时候，应当根据学生的实际情况去选择适合学生的教学方法。在有的学校会分快班和慢班，针对快班可以使用较为激进的教学方式，加快教学进度，让学生在学习的过程中更有一种酣畅淋漓的感觉。对慢班的学生就应当循序渐进，能够让学生在打好每一堂课的基础上再进行新知识的学习。在同一个班级中也会有学生分层的情况，根据不同层次的学生采取不同的教学方法和教学策略也是非常有必要的，针对较高层次的学生教师可以在布

置作业和教学时使用一些难度较大的题目去锻炼学生的思维，使学生更加深入地去了解所学习的内容；对于层次较低的学生，教师的教学方式应当是以让学生牢固掌握基础知识，进而进行学习拔高为基础，这就要求教师在教学的过程中，应当尽可能地去了解学情，能够根据学生的状态去恰当地使用教学方式，实现教学效率的最大化。

（四）构建以学生为主体的课堂教学，实现学生的自我学习

在新课程改革的过程中，让学生成为课堂的主体的呼声越来越高，因此在进行教学的时候应当创建以学生为主体的课堂，实现学生的自我学习。在"学材再建构"的过程中，应当充分考虑到学生在学习知识的过程中是否会进行积极的思考，应当利用哪种教学方式和教学策略来引导学生对数学知识进行深入的理解，实现数学思维的构建。教师在教学的过程中，必须引导学生实现自主学习和自主思考，以便能够有效地促进学生全面发展。

综上所述，在"学材再建构"的过程中，应当以课程标准为基础，对教材进行重新组织和重新编写，实现数学知识的融会贯通，能够让学生在学习数学知识的过程中游刃有余。教师也应当不断提高自身素质，学习先进的教学理念和教学方法，在课堂教学的过程中去引导学生自主学习和自主思考，培养学生的数学思维和数学综合能力，让学生实现知识学习和努力构建的双重发展，为学生以后学习更高级的数学知识做好知识准备和学习习惯的准备，让学生以后的学习道路走得更加平坦。

试论"自学·议论·引导"教学法在数学教学中的实践

兰州市第十七中学 张 锐

初中数学教学的主要目的不单单是教授学生更多的知识,而是要在教授学生更多的知识的同时培养学生的综合能力,"自学·议论·引导"教学法很适用初中数学教学。

一、对"自学·议论·引导"教学法主旨的理论探讨

在初中数学教学当中应用"自学·议论·引导"教学法的主要目的是提高学生的理解能力,同时也培养学生的自学能力。所谓"自学"指的就是学生在教师的引导之下积极主动地去获取知识以及交流信息,教师在这一过程当中要充分地调动学生的各种心理机制,激发学生的思维。思维能力是学生自学数学的核心,学生的自学能力包括独立获取数学知识的能力以及系统整理数学知识的能力和科学应用数学知识的能力。

二、"自学·议论·引导"教学法在数学教学中的应用

(一)培养兴趣——使学生愿学

有句话说得好,兴趣是最好的老师,只有学生有了学习的兴趣才会有学习的动力,才能够积极主动地学习,所以教师在教学的过程当中要努力地培养学生的兴趣,让学生的学习态度能够有所转变。可以从以下几点做起。

1. 数学问题的趣味化

---

[1] 本文为甘肃省兰州市教育科学个人课题(申报编号:23684)"学科素养背景下初中数学'学材再建构'的实践研究"研究成果。

教师在实际的教学过程当中想激发学生的学习兴趣，可以采用将数学问题趣味化的方法，有趣的数学问题能够让学生更好地接受，例如在学习一元一次方程的时候，教师可以向学生讲述丢番图的"生死方程"以及华罗庚的"三强韩赵魏，九章勾股弦"这一妙联，讲述这些数学故事有助于吸引学生的注意力，激发学生的学习兴趣，让学生能够更好地理解所学的数学知识。

2. 揭示数学内在美

数学这门学科逻辑性非常强，并且与我们的生活有着密切的联系，同时数学也是众多的基础学科当中极具魅力的一门学科，教师在实际的教学过程当中要向学生揭示数学的内在美，这也有助于学生更好地学习数学。例如在学习立体几何的时候，教师就可以通过多媒体向学生展示立体几何图形中的图形的形态之美，还可以向学生展示立体几何图形在我们日常生活中的应用，让学生充分地了解立体几何，感受数学的魅力。

3. 给学生创设成功的机会

初中生所处的年龄阶段比较特殊，并且学生的竞争意识较强，教师要发现学生的这一特点，在实际的教学过程当中可以在不同的学习阶段给不同的学生制订不同的学习目标，让学生能够为了实现这一目标而努力奋斗，学生在努力地实现这一目标的过程当中会感受到竞争对手的实力，从而会更加地努力，对于已经实现目标的同学，他们能够感受到成功的喜悦，以后会再接再厉。

（二）耐心引导——使学生会学习

1. 培养自学习惯，指导自学方法

学生如果在课前能够自学的话，在课堂上的学习效率就会更高，所以教师在实际的教学过程当中要耐心地引导学生，努力地培养学生的自学习惯，教师在教学的过程当中可以引导学生自己制订学习计划，并且引导学生在课前对即将要学习的课本知识进行阅读勾画，为了检查学生的自学效果，教师还可以根据学生实际的学习情况安排不同的学习小组，并安排小组长，让小组长检查小组成员的自学情况，并将实际情况向教师如实地反映，教师再予以学生指导，纠正学生的自学方法，提高学生的自学效率。

2. 组织议论，巩固自学成果

数学这门学科学习过程很重要，所以教师在实际的教学过程当中要组织学生进行议论，从而达到巩固自学成果的效果，教师可以让学生进行小组讨论，这样有助于学生之间取长补短，让学生相互之间能够交流自己的见解，自己解题的方法，同时同学之间还能够对错误的地方进行纠正，实现更好的学习。

3. 自学过程的反思

数学这门学科不但逻辑性非常强，并且很多的数学知识都非常地抽象，学生在自学的过程当中难免会遇到自己不会的问题，有些学生可能会针对这些问题向教师提问，而有的学生则会将这些问题忽视，所以教师在实际的教学过程当中要引导学生学会对自学的过程进行反思。

（三）创设条件——使学生创造性地学习

一个人的生活环境会对一个人的发展带来很大的影响。同样的道理，学生的学习环境也会影响学生的学习质量，所以教师在实际的教学过程当中创设教学情境非常重要，例如在学习相似三角形的时候，教师就可以在上课之前向学生展开提问：问学生什么是全等？什么又是全等三角形？或者问学生能否画出三条对应边相等但是三个对应角不等的两个三角形？通过向学生提问一系列的问题，就可以让学生产生"全等"的概念，学生也能够对知识进行联想，教师就能够提高教学的效率。

结语

综上所述，"自学·议论·引导"教学法在数学教学中有着积极的作用，这种教学法值得广泛地推广运用。

运用李庾南"自学·议论·引导"教学法提高历史课堂教学的实效性

兰州市红古区窑街学校　张虎德

一、"自学·议论·引导"教学法概述

20世纪70年代末，我国著名优秀教师李庾南总结出"自学·议论·引导"教学法，很快该方法在全国范围内得到了广泛的推广应用，并且取得了良好的教学效果。"自学·议论·引导"教学法引发了教学领域的一场革命，李庾南用"自学·议论·引导"概括了学生在教师指导下学习，学生的自学和议论是主体，教师的指导活动则被融入议论和自学的过程之中，这样就实现了以学生为主体的教学活动。同时该教学法还特别指出，活跃学生思维是发挥学生主体性的前提条件，学生主体性在一定程度上表现为思维的创造性和主动性；学生自主学习是教学活动的本质特征，教学活动应当基于学生的实际情况而发生。此外，对于学生的主体性的具体表现，该教学法更加强调学生的能力状态、能力结构、能力品质，为教学活动的有效开展提供了明确的指南。

二、"自学·议论·引导"包括三个基本环节

（一）独立自学

即学生独立地开展学习活动。自学，其核心思想是还给学生学习的主动权，保证学生有自主学习的时间和空间，自学的关键是学生的积极思维和独立思考。对"自学"，不能简单地理解为就是让学生自己去学，一放了之。没有学习内驱力，没有目标要求，没有方法指点，自学必然流于形式，达不到自学的目的。也不能机械、片面地理解学生的"学"，以为只有让学生先看书，或者先学教师设计的教案，先做

教师布置的问题等才叫自学。学的动力来自自身的积极性，学的核心是思维，学的途径和方法是多种多样的，否则，在纯演绎式的学习活动中，学生还是被动的，主体的创造性、积极性难以发挥和发展，因此不能实现真正意义上的自学。在"自学·议论·引导"教学法课堂中，一般有三种水平的自学活动：第一种水平是"接受性"的自学活动，即通过自学演绎性材料如教材、教辅资料等，习得知识。例如：在学习九年级历史上册时，学生通过认真阅读教材，很容易得出四大文明古国的发源地，古巴比伦发源于两河流域、古埃及发源于尼罗河流域、古印度发源于印度河流域、古中国发源于黄河流域。第二种水平是"生成性"的自学活动，即在新知识的背景中，或在凸显知识本质特点的情境中，自主建构新知识。学生通过学习很快就会发现：四大文明古国都位于大河流域，而且都是农业文明。第三种水平是"创新性"的自学活动，即由思维的拓展延伸、知识的迁移形成新知识。至于为什么发源于大河流域？通过进一步思考，原来大河流域水源充足，土地肥沃。

（二）群体议论

议论是指学生与学生、学生与老师之间开展小组或全班的交流讨论，是合作学习的基本形式，也是一种主要形式。如在讲七年级上册第十八课《三国鼎立》时，我个人提出："曹操是哪个时代的人物？应如何评价曹操？曹操真的像戏里唱的那样是奸臣吗？"对于这些问题，学生们争论不休。有的学生说：曹操是三国时期的人物，有的学生立刻反驳说："曹操应该属于东汉末年，因为三国时期魏国的第一任国君应该是曹丕，而不是曹操。"对于如何评价曹操的问题上，学生们也从不同的角度谈了曹操的功过是非。如贬曹的同学的理由是："曹操挟天子以令诸侯"是一种不忠的行为，这给后世做了一个坏榜样，这与当时的伦理道德不相符，不应该效仿，应该批判；扬曹的同学反对说："你那是封建的愚忠表现，评价历史人物，应该全面地看待他对历史所起的作用，曹操统一了北方，实现了社会稳定，人民安居乐业，我看他就是一个彪炳青史的伟人。"学生积极参与议论，各抒己见，有时还会争得面红耳赤，课堂气氛非常活跃。这与以往教师的一言堂，学生没有发言权，感兴趣的时候听一点、不感兴趣的时候便做自己的事，教师为了完成教学内容和教学进度，在不影响课堂秩序的情况下，睁一只眼闭一只眼的情况大相径庭。研究实验中，我们非常关注和科学把握"合作学习"的内涵。在组织实施"合作学习"的过程中，不能光看重"合作"这种形式而忽略了"学习"这个核心和内容。如果学生缺少实实在在内容上的自主自觉的思维活动，合作学习就会流于形式，达不到"学会""会学"的目的，数学这一"思维体操"的特质也就得不到充分的体现和落实。

引导学生开展有效的"议论"，基本经验有三条：第一条是变革学习观念。引导学生积极参与议论，增强合作学习意识，在认知、情感上增强对"议论"的积极体验，及时进行总结。第二条是有层次地将"议论"引向深入。组织"议论"时，要从学生思维能力的实际出发，逐步使"议论"深入展开。大约经历三个培养阶段：第一阶段是问答式。即教师根据学习要求提出明确的问题，让学生议论；学生可以直接从书本中、从自己原有的知识经验里或通过实验操作、演练计算寻找答案，做到有问能答。第二阶段是讨论式。即学生不仅能回答教师的问题，而且对问的内容和答的内容能联想延伸，产生新的问题或新的答案。第三阶段是议论式。即围绕一个较大的、内涵丰富的问题，引导学生依据自己的思路，自由发表见解，相互启发、促进，甚至展开热烈争辩，引起"连锁反应"。第三条是不断创设搞好"议论"的必要条件。概括起来，这些条件是教师的五"要"。即：（1）教师要有充分的准备，学生要有自学的基础，有进行议论必备的知识、能力，乃至于情感、愿望、意志等因素的准备。（2）教师要把握议论的时机。当学生的学习愿望还不够强烈，热情不够高，需要相互激励时；当学生个人的智慧难以解决问题，需要帮助或点拨时；当问题或课题范围广，内容丰富，需要群体智慧方能研究得深透时；当个人研究成果需要得到评价或交流扩大成果效益时等，一般通过小组或全班议论的形式，展开合作学习。（3）教师要把握住议论内容的深浅，保证能议得开，议得深，议得大家有兴味，能得益。（4）教师要创造一个能够平等、热烈、严肃认真、互助合作地交流思想、探求真理的和谐活跃的良好气氛。（5）教师要有灵活机敏、善于引导的机智和方法。

（三）相机引导

即教师运用点拨、解惑、提示、释疑等方法发挥教师的引导作用。如我在讲八年级历史上册《辛亥革命》一节时，有这样一道课后思考题，有人说："辛亥革命胜利了，也有人说辛亥革命失败了，你怎样评价辛亥革命，为什么？"我是这样引导学生分析的：衡量一场革命的成败，关键是看革命的根本目的和预定目标是否或者在多大程度上得到了满足。说辛亥革命成功的人，是因为它推翻了清朝贵族政权，建立了资产阶级共和国，使民主共和的观念深入人心。说它失败的人，是因为它没有完成反帝反封建的革命任务，没有改变中国半殖民地半封建的性质，因此，孙中山本人也曾说过："革命尚未成功，同志仍须努力！"创设合适的情境，生成课题，激发研究兴趣，明确研究内容和研究方法；根据学生学习中出现的问题，或进行启发性的描述，使学生得到仿效和借鉴，或对有关问题的前景进行生动的描述，使学生打开眼界，拓宽思路，或列举一些矛盾现象，选编一些容易发生错误的习题，让学生深入思考，总结经验教训，等等。通过教师引导，使学生自学有内驱力、有内容、有方法，使议论有序、有激情、有见地、有深度，最终使课堂学习达到预期目标。

"自学·议论·引导"不仅仅是教学环节，我们更把它看作是教学的三个关键词，是教学的基本理念。这三个环节不是孤立的，"自学"是基础，"议论"是枢纽，"引导"是关键。三者相辅相成、融为一体；这三者不是封闭的，而是互为依托，是三者的对话；这三者也不是静止的，而是动态发展的。

爱生如子　做最美课堂的缔造者
——李庾南老师的教育情怀

兰州第六十四中学　王　涛

什么是最美的课堂？对于最美的课堂，李庾南老师说了自己的见解，概括起来四个字：爱生如子。

从1957年8月走上中学讲台，迄今，李庾南老师已经在教育战线奋斗了60余年，她也因此收获了多个"教师之最"。从教以来，她一直担任班主任，创造了"连续任职时间最长的班主任"上海大世界基尼斯纪录；她坚守讲台最久，60余年一直从事初中数学教学工作，是"自学·议论·引导"教学法的创始人；她执教的公开课、拍摄的录像课最多，说"56个民族的孩子都听过她的课"亦不为过；她的讲学范围最广，足迹遍布祖国的大江南北、长城内外……她被誉为"真正从课堂里走出的教育家"。

李庾南老师说：当好班主任首要是"爱生如子"。

她说道，爱生如子四个字说起来容易做起来很难。如果真的能够做到爱生如子，无论是偏瘫的，痴呆的，残疾的，甚至于是很不爱清洁，很不懂礼貌，不能及时教育的，都让我们不会选择抛弃、嫌弃，而是用自己的爱心去温暖他的心，使他得到转化。这样才能创造出最美的课堂。

做班主任本是一件辛苦事，现在很多的年轻老师很害怕当班主任，而李庾南老师却甘之如饴。在谈到如何做好班主任时，她说，首要的一点，就是把学生都看成是自己的孩子，本心本意地对待每个孩子，"爱生如子"。她把学生当作自己的孩子，因而严慈相济，绝不纵容，也绝不苛责，而是通过针对性的教育，帮助学生获得自身最大的发展。一届届的孩子虽然毕业了，但都会相约着去看望李老师，跟李老师诉说心事。

那么仅仅有了爱，学生就学会学习、热爱学习了吗？李庾南老师说，兴趣和方法才是学生最好的老师。李庾南老师谈到自己的教学思想时，提到了自己的从教经历：当她刚走上讲台的时候，认为学生是靠自己讲的，多讲，学生就多得，少讲，学生就少得，没有老师讲，他不会学习。可是后来就发现，讲了那么多，还是有学生不会。于是渐渐地明白了自学的重要性。

李老师进一步指出，自学并不是完全让学生脱离老师自己学习，而是老师引导学生先要使他有要学的愿望，要有这个动力机制，也就是兴趣，然后要有方法。在这个方面，李庾南老师非常重视激活学生的非智力性因素，特别关注课堂中学生的学习情感，激发学生学习的主动性、能动性，使其始终处于一种热爱、愉悦、振奋、和谐的情感状态中，进而引发自觉或自由的高效学习行为。她指出："兴趣、动机、情感、意志、信念以及价值观等组成的动力系统对由感知觉、记忆、思维等组成的认知活动系统起着定向、始动、鉴别、筛选、调节、维持和强化的作用。"因此，"自学·议论·引导"教学总是千方百计激发和调动学生的诸种情意、力量，促成他们在热爱知识的情态中学习与汲取知识；在思维训练方面，"用非认知因素，促进认知因素"。

李老师坦言，在"自学·议论·引导"教学探索起步的时候，因为种种原因，也有人非议，看不顺眼，不认同，不服气。每次公开课下来，也是众说纷纭，但是李老师坚持自己的立场，不随流俗，立定脚跟。

一些老师上公开课，为了所谓的效果，有时候会在课堂上耍一些小手腕，那时一堂课一般是五步教学，最后的结课环节，有的老师只喊好学生"撑门面"，叫优秀的学生上台板演，自然正确率很高，给人感觉课堂教学效果多么好。而李庾南老师却不会为了公开课的"好看"就放弃原则，她追求真实的课堂。讲授之后学生练习时，她通过课堂巡视，发现学生的问题并及时记录，到了结课时，总会叫出错的和答对的各类学生一同板演。此时，那些学得不太扎实的学生就会暴露出问题，座位上的同学发现了，会暗示、会提醒，形成台上台下共同研商、切磋的氛围，当然，有时板演的学生卡壳了，"挂"在了黑板上……出现这些情况，在一般人看来课堂就不那么完美了，但李庾南老师却不这么看，她认为这样的课堂才是真实的课堂，学生在课堂上出现的问题正是教师需要关注并努力解决的，此时也正是强化正确、纠正错误、澄清模糊的时候。这样的课堂才是着眼每个学生学会的课堂，而不是只关注少数人的课堂。

试问，现如今，无论是公开课还是比赛课，能做到像李庾南老师这样真实，不因为一些学生成绩好而格外偏爱谁，不因成绩差而惧怕暴露缺点的人又有几个?！那些口口声声"爱学生"的教师们真的应该多向李庾南老师看齐，让自己的课堂也向最美课堂看齐！

　　李庾南老师工作的岗位是平凡的，但她在这个平凡的岗位上做出的贡献却是不平凡的，她的精神和情怀更是不平凡的。她青年时代就挚爱教育事业，立志"为教育而生存"。她的精神和信念在教育工作的实践中不断升华。她恪守"人是要有一点精神的"，勤于学习，敢于挑战，善抓机遇，乐于奉献。用执着的爱心和自身的示范教书育人，在与学生的相互理解和尊重中，追求教育工作的更高境界；在引导学生奏响生命交响乐章的同时，体会一个教育工作者生命的自我价值，把教育推向创造美好人生的境界。李庾南老师半个多世纪教师生涯展示的情怀有三点感人至深：一是敬业爱生的职业操守；二是鞠躬尽瘁的精神境界；三是追求卓越的品格风范。正是因为具有了这样的精神和情怀，李庾南老师才成为一位深受学生爱戴并受到社会各界尊敬的人民教师，成为一位成就卓越的教育家，她的课堂也因之能称为最美课堂！

读《自学·议论·引导教学论》有感

兰州市第六十四中学　董青青

初次接触"自学·议论·引导"教学理念是 2017 年 6 月参加安宁区第四十九中学培训的时候。当时李老师快 80 岁了，她是前一天晚上到达兰州的，第二天她听了两节课，评了两节课，自己上了一节课，下午又讲了两个多小时的讲座，我被她这种高尚的敬业精神所感动。今年 5 月份我又一次见到她老人家，她还是那样神采奕奕，听课 6 节，评课 6 节，讲座一堂，似乎一提"学生·课堂"这类词语，她的生命就充满了活力，永不疲倦，这让我对她产生了极大的敬畏和好奇，我好奇的是：是什么支持这位老太太有如此充沛的精力投入教育教学工作中呢？带着这份好奇心我认真品读了李老师编著的《自学·议论·引导教学论》，收获颇多，此书分 9 个章节，共 29 个小结，章章精彩，节节提升，其中第五章"自学"部分给我留下深刻的印象。下面我结合参加这次比赛的过程和大家分享一下我读"自学"这部分内容的心得体会，不足之处请大家指正。

这本书的主导思想就是数学教学要发展学生的数学思维，培养他们的数学能力，创造能力和养成数学解题方法和策略。我就"自学"这一环节有如下的解读：学生是数学学习的主人，老师是数学学习的组织者、引导者和合作者，那么就离不开学生的独立学习，即学生独立地开展学习活动。培养学生的自学能力，还给学生学习的主动权，保证学生有自主学习的时间和空间，自学的关键是学生的积极思维和独立思考。那么如何自学，如何在讲课的时候给学生足够的空间，让学生放手探索，还能游刃有余地掌控课堂的主线，收放自如，这是我要向李老师取经的地方。比如，这次比赛中我抽到的题目是《探索勾股定理》，在教案和设计的过程中出现了如下的问题：

1. 测量直角三角形时，误差问题。
2. 给出资料，问题不明确，导致学生不知道要做什么。
3. 学生的问题或回答五花八门，课堂没有时间一一解释，时间不够用。

4. 小组学习时基础差的学生属于旁观者，不参与。

很多的问题让我的教学设计反复修改，难以成型，总的原因还是对"自学"的理解不够，对课堂的掌控不够。于是我再次阅读《自学·议论·引导教学论》，希望从书中得到办法。在第五章优化学习过程第三节"自学能力与自学活动中"解决了这一问题，它指出"自学"，不能简单地理解为就是学生自己去学，一放了之。没有学习内驱力，没有目标要求，没有方法指导，自学必然流于形式，达不到自学的目的。也不能机械、片面地理解学生的"学"，以为只有让学生先看书，或者先学老师设计的教案，先做老师布置的问题等才叫自学。学的动力来自自身的积极性，学的核心是思维，学的途径和方法是多种多样的，否则，在纯演绎式的学习活动中，学习还是被动的，主体的创造性、积极性难以发挥和发展，因此，不能实现真正意义上的自学。自学的前提是学生有想学习的动力，所以我在设计教案的过程中加了以下几点：

1. 改测量长度为用直角三角形拼正方形，这样学生比较喜欢，同时培养学生的动手能力。

2. 自学资料时，有相应的问题指引，带着问题思考，带着问题操作，带着问题探索，最后解决问题，避免学生初选无从下手或答非所问的情况。

3. 在证明勾股定理的过程时，先用两个外国人的证明方法，再引出比他们早很多年的三国时期赵爽的证明方法，并指出"赵爽弦图"在当今的重要用途，利用学生的爱国热情驱动他们自学证明过程。

通过这样的设计，在教学的实际操作过程中学生的反应不错，但是还有一些问题尚未解决，例如"自学"部分资料的选取深度不好把握，过难过易就失去了自学的意义；再如，如何及时得知学生在自学部分的掌握程度，等等，这些都是我要向李老师继续学习的地方。

总之，通过阅读这本书，让我深感与优秀教师的差距很大，课堂掌控的灵活度也相对薄弱，但我深信，与其临渊羡鱼，不如退而结网！从现在开始，我将"种子老师"的学习的心态，和片区数学组的同人们一起"退而结网"，一起探索能更加有效地实践和推广李庾南老师的"自学·议论·引导"教学法的方法和途径！

"自学·议论·引导"教学法在初中数学教学中的应用研究

兰州市第六十二中学　王菊花

"自学·议论·引导"教学法是李庾南教授对自己初中数学教学的不断总结与反思，提炼而成的。该教学法以培养学生思维能力为核心，以引导学生"会学"为目的，从而达到促进学生的知识、能力、智力、非智力、生理、心理等方面全面、和谐充分地得到发展的终极目标。

"自学·议论·引导"教学法，可操作性强，为我们的数学课堂教学点亮了一盏明灯。"自学·议论·引导"教学法包括三个基本环节：一是独立自学，即学生独立地开展学习活动。关键是学生的积极思维和独立思考。二是群体议论。议论是指学生与学生、学生与老师之间开展小组或全班的交流讨论，是合作学习的基本形式、主要形式。教师通过议论推动合作学习。三是相机引导。即教师运用点拨、解惑、提示、释疑的方法发挥教师的作用。在这三个环节中，"独立自学"是基础，"相机引导"是关键，"群体议论"是枢纽。三者相辅相成，融为一体，贯穿教学全过程。

"自学·议论·引导"是我坚定不移的教学主张，对这一教学法的实质与精髓的认识和把握，是一个从朦胧到清晰，从表层到深刻，不断探索、不断深化的过程。作为教师，教学内容即学生学习内容，不只是指新授的知识，必须全面关注，在教学过程中，应该对教材内容有机整合，实行单元教学，这就需要教师深挖教材，摸清整个知识板块的脉络结构。

如在初中阶段"函数"的教学中，一次函数（正比例函数）、反比例函数、三角函数与二次函数中有许多共同的地方，如函数的学习都是从函数解析式入手，利用数形结合是思想研究函数的性质，最后落脚到实际应用。运用数形结合的思想，由图形想函数的增减性，在所学函数中，要考虑函数的增减性都可以从图形上观察：图像从左向右看上升，即 y 随着 x 的增大而增大；图像从左向右看下降，即 y 随着 x 的增大而减小，满足函数解析式的点的坐标与函数图像上的点的一一对应的关系，也适用于所有函数。所以教师要有大单元整合的意识，在学习一次函数时就应该培养学生这方面的能力,为后续的函数学习内容打好基础。

聆听了几次李庾南教授的数学课,被她清晰的知识框架结构深深地震撼。深深地体会到教师要具备的几个要求。即:(1)教师要有充分的准备;(2)教师要把握议论的时机;(3)教师要把握住议论内容的深浅,保证能议得开,议得深,议得大家有兴味,能得益;(4)教师要创造一个能够平等、热烈、严肃认真、互助合作地进行交流思想、探求真理,和谐活跃的良好气氛;(5)教师要有灵活机敏、善于引导的机智和方法。

如"三角函数"中的解直角三角形,学生前面已经认识了三类三角函数,这节课要应用勾股定理、两锐角互余、三类三角函数去求解直角三角形中的所有未知元素。类比前面探究三角形全等、三角形相似的条件的方法,去探究解直角三角形必须已知的条件,以及所有的可能性。教师抛出问题:在直角三角形中除直角外,再加一个条件能求出其他的所有元素吗?学生观察发现不能。那么继续提出问题:在直角三角形中除直角外,再加两个条件能求出其他的所有元素吗?有几种可能性?分别是哪几种可能性?问题由浅入深,环环相扣。学生思考、讨论与交流,当学生的思维发展到某一点出现停滞时,教师适时做启发性的点拨,引导学生运用三角函数来解决问题,让学生看到了"希望"和"方向",产生了强烈的求知欲,兴致勃勃地钻研。最后引导学生总结要解直角三角形,除直角外,必须已知两个元素,其中有一条边。

"自学·议论·引导"又不仅仅是教学环节,我们更把它看作是教学的三个关键词,是教学的基本理念。这三者不是封闭的,而是互为依托,是三者的对话;这三者也不是静止的,而是动态发展的。不是简单的三段式,不是每一节课都必须有"自学·议论·引导"三个环节,是以生为本、以学定教、教学统一、教为学服务的教育观。在具体的教学内容、具体的学情中,"自学·议论·引导"三个基本环节有机结合、融为一体,优化课堂教学结构。引导学生学会学习、善于学习、培养他们的学习发展能力,是"自学·议论·引导"教学法要努力追求的目标和落脚点。

通过初中数学教学实践,认识到"自学·议论·引导"教学法是一种强调学生主体地位的方法,而主体性学程是高效课堂的保证。需要我们在平时的教学中积极渗透"自学·议论·引导"教学法的理念,发挥学生的主体性,最大限度地调动学生的积极性、主动性和创造性。采用个人学习、小组学习、全班学习三结合的教学形式,恰当地采用几何画板软件、PPT等多媒体技术辅助教学,将能更好地达到高效课堂的目的。

数学素养和课堂引导

兰州市第六十二中学　李惠娟

自从试验推广李庾南老师的"自学·议论·引导"教学法以来，对李老师的教学理念学习有一段日子了。随后又去南通李老师的学校——启秀中学观摩学习，并参加了四月份的第三届李庾南实验学校数学优课评比与展示活动，听了许多南通老师们的讲课，边听边学，真是受益匪浅！

李庾南老师为我们的探索实践指引了方向。

1. 变理念。课堂改革首先是理念的改革。要进一步加大教师的培训学习，促进教师课堂改革的认识，深刻理解习总书记"引路人""筑梦人"的要求。理念的转变从三个方面着手，一是认识上的逐步提高；二是课堂学生主体的发挥；三是不唯教科书。

2. 学要义。认真组织学习《自学·议论·引导教学论》，每个月专门研究几条原理，有计划地安排教师学习、交流。如"自学"，不只是让学生看书，而是让学生积极主动地学，核心是"思维"；再如"引导"，在智力因素方面如何引导，非智力因素方面如何引导，若侧重智力因素方面，思维要开阔一些；"自学·议论·引导"可以是教学方式，也可以是学习方式，"议论"可以是群体的"自学"，"引导"不完全是老师对学生，可以是学生对学生，也可以是学生对老师；"个人学习、小组学习、全班学习"是组织形式，实质是"自学"。

3. 重建构。"学材"广义指一切学习资源，狭义指教材、教辅资料。教材前后次序可重新建构，详和略可重新建构，深度、广度同样可重新建构。不要唯课本例子、练习，要根据学生实际建构。学材再建构强调单元教学，即首先给学生一片森林，而不是一棵树，知识的认识，不是孤立地一个一个去做，而是放在一个系统中，一个结构里。如一串葡萄，一个一个割裂开容易掉，如果让葡萄藤串起来就不容易掉了，这就是一个体系结构。学材再建构是老师的内功，学材是皮，学法、学程是毛，皮之不存，毛将安附。

4. 抓课堂。抓课堂理念，抓学材的研讨。教师要根据自己学生实际设计学材，不能照本宣科，学生在课堂根据老师的建构看书、自己学习（阅读、实验），学生在老师的引领下也在建构，师生都在建构，课堂是动态的，抓课堂，要抓学生的活动，要让学生勇于发言，勇于表现，让学生说的关键是生成的标志。

在这里我有两个问题，感触颇深，想和大家交流一下。以我的两节课为实例。

第一个问题：数学素养。我们经常讲语文课上要注意文学素养，文学知识的积累，文学知识的积淀，也就是注重文学素养的培养。而我们的数学课上也依然离不开数学素养的养成。数学不是枯燥的，不是机械地只背公式和概念，数学也有内在的美和行云流水的帅气和娇媚。比如我们讲七年级下册第四章《4.1认识三角形》中三角形的内角和时，有年轻的老师问我："李老师，三角形的内角和是180度连小学生都知道，这节课没有什么讲头，我们告诉学生三角形内角和是180度，然后直接做习题就行了。"他说完这句话后，我就清楚这位老师的上课思路和他这节课的流程。这节课这样上行还是不行？

我讲这节课时是这样设计的：

让学生准备三张任意三角形纸片，证明三角形的内角和是180度。我设立了三个问题：1."撕下三角形的三个内角，拼一拼？只撕下两个内角行吗？"2."撕下三角形的一个内角，拼一拼？"3."不撕内角，你有好办法吗？"学生动手操作，很感兴趣。问题3有很多同学通过折叠就完成了。然后用数学知识加以推理论证问题2，我们就可以说这是三角形的内角和定理。通过拼图，折叠，证明定理，刚好用了一节课的时间。习题处理得不多，但是对数学知识的慢慢渗透和浸润，真正做到了润物细无声。我认为这个过程就是数学素养的培养，培养学生的逻辑思维能力和动手操作能力。但有时在题海战术的影响下，我们有时会忽略教学素养的培养。李庚南老师的"自学·议论·引导"教学的核心理念之一就是对学材再建构和知识重生成，学材再建构就是单元教学。了解的老师都知道单元教学就是概念生成的整合，这样的一节课没有习题，有时几乎不讲习题，而这就是教学素养的培养过程。让你先打好地基，寻找根源，构造一片森林，而不是舍本逐末。

第二个问题：课堂引导。李老师课堂教学中的引导，要引导得有艺术，有针对性。我们说"问得好才能答得好"。引导就是提出问题，是我们一节课的灵魂。引导就是指教师因势利导，通过点播，解惑，释疑使学生学习的热情不断高涨，思考和认识不断深化，拓展，达到教与学的有机融合和最佳境界。以我的一节课为实例。比如在八年级下册第六章平行四边形中的《6.4多边形的内角和与外角和》这节课中，让学生在草稿本上先画出任意四边形，五边形，六边形。这节课我总共提出了八个问题，由问题一引导出问题二，一直串接到问题八。

（1）从同一个顶点出发的所有对角线把 n 边形分成多少个三角形？

（2）n 边形的内角和等于多少度？

（3）正 n 边形的每一个内角等于多少度？

（4）从 n 边形的一个顶点出发可引出多少条对角线？

（5）从 n 边形的 n 个顶点出发可引多少条对角线？

（6）n 人两两相互握手，共握手多少次？

（7）n 人两两互赠照片可赠多少张？

（8）n 边形的外角和等于多少度，与边数有关吗？

这八个问题的提出，使学生在自主学习的基础上围绕问题进行交流、合作，达成成果的互惠互享，以及师生间的教学相长，共同发展。学生也只有在学、真学、会学、创造性地学，才能达到学习知识、掌握知识的效果。这就需要老师们多用心钻研教材，琢磨教材，才能提出好问题，从而起到真正的引导作用。

李庾南老师为我们的探索实践指引了方向，下一步我们将按照李老师的指导，认真加以落实，做好每一步，做好每个环节。我们坚信，在市教育局的带领下，在项目牵头校和片区基地校的示范引领下，各实验校一定会更加砥砺前行，不忘初心，让李庾南教学法与兰州本土融合，生根开花，结出丰硕的果实！

用伟大的教育家叶圣陶先生曾经说过的一句话来总结我今天的内容，"教育是农业，不是工业"。说明教育是一项细水长流的工作，只有耐心耕耘，才能焕发出无限的生命力！李庾南老师的"自学·议论·引导"教学法，将是我们永远学习的动力！

践行"自学·议论·引导"提升教育品质

兰州市第六十二中学　缑治国

课堂是教育教学的主阵地，没有课堂的彻底革命，任何改革都是蜻蜓点水。课堂革命的出发点和最终目标在于改变学生学习状态、实现学习效益最大化，让学生会学、学会在课堂上享受到生命自由奔放成长的快乐。我校在课堂建构改革上也不甘落后，早在2010我校就申报兰州市教科所"十二五"市级规划课题《新课程有效教学的重建》。我们数学学科组在学校模式建构思想的指导下，正在建构更为具体的学科教学模式；我们的目标是建立"一科多模"，即概念课暨新课授课模式，习题课授课模式，复习课授课模式，以及试卷讲评课授课模式等，在学校模式和学科模式基础上，教师个人根据教学对象和教学内容，形成自己的教学设计和教学风格。

在兰州实验区开展学习李庾南"自学·议论·引导"教学法学习热潮之后，我们着手准备市级规划课题《初中数学课堂"三段式"模式研究》，该模式研究的核心是"自学—展示—拓展"，这也是我们学科组创新的地方，也是我们与李庾南"自学·议论·引导"教学法不谋而合的地方。自从兰州实验区开展推行李庾南"自学·议论·引导"教学法学习开始，我们如同醍醐灌顶，一下子看清了前进的方向，2017年12月，我们教研组的市级规划课题顺利结题，接着我们积极组织数学教研组认真学习"自学·议论·引导"教学法。在方法上，主要研磨李老师的视频课及主动聆听相关的现场课。课后同组教师展开讨论，书写心得，如同解剖麻雀一般仔细剖析李老师课堂的每一个环节。在理论上，主要坚持学习"三学"，即学材再建构（源于教材、高于教材、单元教学），学法三结合（个人学习、小组学习、全班学习），学程重生成（师生互动、生生互动、深度交流）。我校本学期在学材再建构上大胆创新，集思广益总结提炼出学科组的"学段式"教材整合策略，也是我校数学教研组的教研特色之一，在精神和思想上，李老师坚守讲台，终身从教的精神早已让我们折服，李老师八十岁的高龄，六十余年的从教生涯，我们一辈子可能都无法企及，我校参与"自学·议论·引导"教学法教学实验的数学教师共有八位。平均年龄不到四十岁，平均教龄连李老师的四分之一都不到，李老师就是我们教学生涯的榜样和标杆。

2018年年中我们学科组探究李庾南老师"自学·议论·引导"教学法，探究出两种课型的课堂模式，具体模式与流程如下：

1. 定理推导课——"探究式"教学基本模式（新授课模式中的一种）

基本程序：

激情导入，提出问题→设疑猜想，主动探究→合作交流，解决问题→巩固升华，拓展思维→反思评价，课外练习

环节阐述：（自主预习不在课堂环节之内）

（1）激情导入，提出问题（自学引导）

此环节属于感知阶段。这里所创设的问题是指实际问题或数学内部的问题。数学的许多定义、定理等都是人们经过大量对特殊事例的观察、实验、比较、联想、分析，抽象概括出来的，然后经过严密地论证形成的严谨的数学理论。但是这种严谨性往往掩盖了数学生动形象的一面，因此在教学中，教师就要把凝练的知识"活化"，创设生动性、形象性、创造性的问题，以利于学生通过思维过程来理解知识。

（2）设疑猜想，主动探究（引导自学）

此环节属于求知阶段，是本教学模式的主环节，在这个过程中，教师的主要作用是启发学生的思路和方法，启发学生用控制变量法，引导学生大胆猜想，而数学知识和技能的掌握则需要学生运用合理的逻辑思维、直觉思维和形象思维，通过自主、合作的探究活动来实现。从而获得新知识。

（3）合作交流，解决问题（展示交流）

此环节属于巩固阶段，在学生的自主学习、研究探索的基础上，指导学生运用刚通过分析、探究得到的数学思想与数学方法，对教师精心设计的应用型或巩固型的问题进行分析、综合、抽象、概括、判断、推理、归纳等，得出结论，这样学生在从提出问题、研究问题，到解决问题的过程中，思维得到发展，能力得到加强，认知的任务也得以完成。

（4）巩固升华，拓展思维（拓展提升）

此环节属于应用阶段，升华是指发现数学知识和规律之后及时点拨和延伸，把学生已掌握的知识通过知识间的内在联系，把原知识深化、拓宽，帮助学生从感知、感受到感悟，从掌握知识、促进思考、培养能力走向模塑人格的过程。这个过程要设计具有针对性和启发性的问题让学生探讨、逐步解疑、消除混淆、步步深入，在

探索中有所发现，有所创新，从而在学到知识、获得能力提高的同时模塑人格。

（5）反思评价，课外练习（拓展提升）

此环节属于延伸阶段，教师通过设计一些话题，鼓励学生自己述说，可以小结本节课的内容，可以介绍自己在本节课的知识、能力、情感方面的收获、困惑等。设计一些具有拔高效果的延伸问题，这样，既使学生能产生良好的学习主人意识，又能帮助学生确定数学学习的努力方向，为进一步获得数学知识奠定良好的技能与心理基础。

2. 习题课教学模式

习题课是新授课之后，教师有目的、有计划地指导学生运用已学过的知识进行一系列基本训练的教学活动。习题课的目的是加深学生对基础知识、基本技能的理解，从而使所学知识整体化、具体化，形成合理的认知结构。培养学生的观察、归纳、类比、抽象、判断、决策等一系列技能和能力，给学生以施展才华、发展智慧的机会。

上好习题课的关键是达到"精""练"，"精"：精心讲解，精心选练，精心设计和安排全过程；"练"：做到勤练与精练相结合，练习要考虑度，练习的形式要多样化，趣味化。

基本程序：

自主回顾，梳理知识→例题剖析，尝试练习→变式训练，拓展提高→自主整理，归纳总结→自我诊断，当堂落实

环节阐述：

（1）自主回顾，梳理知识（自学引导）

通过基础练习或提出问题，引导学生对本专题知识进行复习回顾，梳理本专题的知识、方法，完善知识体系，形成网络。

（2）例题剖析，尝试练习（引导自学）

学生自主对本专题典型例题进行尝试练习，在小组内展示、交流、讨论，修正错误，优化解题方法，完善解题步骤。教师剖析解题思路，点拨应注意的问题，规范解题步骤，达到知识与方法的升华。

（3）变式训练，拓展提高（拓展提升）

对典型例题进行变式训练，延伸拓展，使学生进一步巩固本专题知识应用的主要题型，强化解题方法，规范解题步骤。本环节仍然是学生先做，再展示修正，教师最后点拨强调。

（4）自主整理，归纳总结（展示交流）

教师要放手让学生自己进行知识小结，整理归纳本专题知识应用的主要题型，总结解题方法与规律。教师适当强调重点内容及注意事项。

（5）自我诊断，当堂落实（拓展提升）

最后用一组题目对本专题知识进行自我诊断，限时完成，当堂进行小组内批阅、修改，以此来强化落实对本专题知识、方法的理解、应用，提高学生解决问题的能力。

在兰州实验区积极推广李庾南"自学·议论·引导"教学法，我们兰州市第六十二中学数学教研组认真践行之后，感觉我们的这些尝试和实践确实有利于减轻越来越沉重的教学负担、提升教师的专业素质，探索提高课堂教学效率的教学模式，优化师生关系，优化教学模式，优化教学方法，优化教学手段，优化学习心理，优化学习习惯。建立提高课堂教学效率的评估标准，努力使评估目标从"单一"转向"多元"，从"重教"转向"重学"，从"形式"转向"效果"；努力使评估手段客观、准确、科学，真正成为促进课堂教学效率提高的有效方法。与李老师相比，我们可以说才刚上路，还看不清整个基础教育发展的长远方向，今后我们将努力践行之，争取将来取得更大的成绩。

用"自学·议论·引导"教学法打造初中英语高效课堂[①]

兰州市第十七中学 王 璟

"自学·议论·引导"教学法是李庾南老师针对20世纪70年代末,教师"满堂灌",学习效率低下而提出来的,目的是使学生在想懂问题中达到懂想问题,在学会知识中达到学会知识,在自学中达到自主学习。其自学的活动形式有"阅读""倾听""演练""操作""笔记"等。议论活动形式有小组交流、全班讨论、两人讨论等方式。引导是教师的主要活动,运用点拨、解惑、提示、释疑的方法发挥教师的作用。教师创设合适的情境,生成课题,激发研究兴趣,明确研究内容和研究方法。根据学生学习中出现的问题,或是进行启发性的描述,使学生得以仿效和借鉴;或对有关问题的前景进行生动的描述,使学生打开眼界,拓宽思路;或是列举一些矛盾的现象,选编一些容易发生错误的习题,让学生在实践中总结经验教训,等等。引导使学生自学有内驱力、有内容、有方法,使议论有序、有激情、有见地、有深度,最终使课堂学习达到课程学习目标。在这三个环节中,"独立自学"是基础,"相机引导"是关键,"群体议论"是枢纽。三者相辅相成,融为一体,贯穿教学全过程。此教学法虽然是李教授在数学课堂提出的,但其实质和所包含的教学理念更适合于初中英语课堂,在初中英语课堂中更能发挥作用,更能打造出高效的英语课堂。

具体来说,我们可以通过以下策略在英语课堂实施"自学·议论·引导"教学法。

[①] 本文系甘肃省"十三五"教育科学规划课题《李庾南"自学·议论·引导"教学法在初中英语课堂中的实施策略研究》研究成果。(立项编号:GS〔2018〕GHB0251)。

一、学校统一管理实施下的课改

为了推进李庾南"自学·议论·引导"教学法项目在学校的顺利实施,学校对课改要有统一的实施方案,不能脱离教学搞课改,而是紧紧围绕教学工作去开展。一般来说,从学校层面,通过以下步骤去实施。

(一)理论学习为前提

学习李庾南老师"自学·议论·引导"教学法,使英语组教师对"自学·议论·引导"教学法理论有一个相对清晰的认识。学习方式主要是理论学习和观摩课堂。在理论学习中,学校要为教师提供充足的学习资料及保证学习条件。如:购买学习书籍,要求教师做学习笔记等。观摩课堂是比较直观的学习方式,有助于老师边学习,边回顾对照自己的课堂,在思考中不断总结和积累经验。对教师来说,也是乐于接受、见效快的培养方法。另外,在集体备课时集体讨论也是一种比较有实效的学习手段,参与教改的教师就某一问题进行探讨、交流,对自己理解不到位的理论知识进行互相学习。学校还可以邀请授课专家做观摩课,课后针对观摩课的评课议课是学习者极好的学习机会,通过专家对课堂中亮点及不足之处的分析,更能理解教学法的实质。同时,学校内部教研组教师间可以开展备课、磨课、互相观摩活动,形成浓厚的教研氛围,促使课改的进行。

(二)积极研讨实践

结合学校常规教研活动开展课改,如:利用学校的公开课、观摩课开展教学法实践,引导教师积极实践探索,边实践,边总结,边改进。可以在不同年级开展英语学科组为单位的同课异构竞赛活动、优质课竞赛活动等。在教学探索过程中,管理者要发现优秀实践者,让优秀教师及时总结自己的经验成果,在组内通过观摩课形式在教研活动中积极展示出来。在实践过程中,为了促使教师对教学法更深的理解,还可以组织以探索教学法为主题的课例比赛、案例比赛、教学设计大赛等,通过丰富的活动引导老师积极在实践中运用新的教学法。

(三)发挥榜样示范作用

在实施教学法的过程中,管理者及时观察和跟踪课堂非常重要。在跟踪教师的课堂中发现好的课堂策略,及时在英语教师中推广开来。在集体备课中将好的课堂实施策略集中到个别优秀老师身上,打造优秀课堂、示范课堂,让全体英语教师进行观摩模仿。在开展教学法实施优质课比赛前,结合实际,首先制定课堂评价标准。按照评价标准,在竞赛中发现优秀课堂、优秀教师。结合学校教学比赛,还可以组织"自学·议论·引导"教学法"种子选手"选拔赛,选出第一批教学法优秀教师来带动其他教师,帮助其他教师获得成长。此外,为检查本校英语教师的学习成果及课堂实践能力,学校还要积极协调和争取将优秀教师送到更大的舞台去展示。可以选派教师参加省市等范围组织的有关高校课堂的课堂竞赛,为优秀教师搭建更大的平台,为学校课改创造更大的影响力,让老师们真正领会教学法的真谛,切实提高课堂实效。

二、自主自学为前提的预习

初中英语的各项教学目标都是通过学生听、说、读、写四种方式来实施的,也是通过四种方式的训练来达到教学目标的。教师首先在七年级开始阶段,用充足的时间教给学生使用英语国际音标的技能,让学生能运用音标自主学习课本上的单词,做到准确读单词、拼单词,打好自学英语的基础。这样,老师可以每天布置英语预习作业,让学生提前自学单元内容。主要包括熟读单词、记住单词拼写。朗读对话、短文,听单元录音,能准确理解对话及短文内容。对每一课时的80%内容提前预习准备,为课堂上的实践性操练做好准备。

三、以讨论交流为目的英语课堂实践操练

初中英语中每一单元的 Section A（1a—1d）部分都是单元话题的引入部分,教师可采用与学生交流某些问题而导入新课,此间主要是教师与学生的讨论。在这个环节中,教师与学生讨论的话题必须是本单元的主题话题。以人教版九年级英语第一单元 *How do you study for a test* 为例,教师首先与个别学生谈论：How do you study English? I study English by… 教师随后给出谈论此问题中可能用到的短语：by working with friends/listening to the tape/listening to the English songs… 接着让学生小组谈论同样的问题。在2c部分,更是要通过分组对话讨论的方式,让学生熟练掌握对话内容。在巩固和拓展环节,让学生运用所学语言知识,灵活编排对话、小组、两人、全班进行对话训练,达到扎实掌握本节课所学语言的目的。所以说,在每个单元话题的引入部分,我们都可以运用以议论为主要方式的对话训练教学。在学生议论过程中,教师的任务是观察学生小组或两人的讨论是否是有效活动,是

否使用本节课的话题及新的目标语言在进行活动，去近距离聆听学生会话内容，防止学生在对话活动中出现假活动形式，假讨论形式。也就是杜绝个别学生会出现只有讨论动作，没有实质讨论内容的现象。

四、以教师引导为主的读写教学策略

初中英语短文阅读教学的目标要求是：能读懂相应水平的读物、报纸和杂志，克服生词障碍，理解大意。要达到这个学习目标，教师的引导和发挥学生内驱力的自学是必不可少的。学生在阅读过程中，根据阅读目标的要求，要解决各句子之间的逻辑关系，找出文章中的主题，理解故事的情节，预测故事情节的发展和可能的结局。以人教版九年级英语第一单元 How do you study for a test 为例，在Section B 短文教学中，教师首先让学生阅读短文，自学理解短文内容。为了加深短文理解深度，教师可以根据短文内容，提出问题引导学生思考。如："1. What do you think the text is about? 2. Can you think of any problems you have had recently ? Please work in pairs and tell your partner how you dealt with them? 3. How many ways of dealing with our problems are mentioned in the text? What are they ?"这些问题中，问题1是全班同学都能参与讨论和思考的问题，问题2是2/3的同学能回答的，答案在文章中可以找出来，问题3优秀学生可以解决。所以，教师提出的问题要有层次，要兼顾到优秀学生的深度思考，还要兼顾到后进学生的情况，要让每位学生都有事可做、有问题可以解决，这样才能发挥出每一位同学的内驱力，让学生学力有所进步。在学生解决这些阅读问题时教师任务是在学生中间巡视，观察学生的思考情况。在这个环节中学生可以是单独思考解决问题，也可以是两人讨论，小组讨论解决，这个环节是充分发挥学生学习主动性的关键，之后，教师让学生展示自己的答案，及时鼓励评价学生的成果。

在英语写作训练中，教师的引导艺术和手段直接影响到学生的写作水平。在写作训练前，教师可以就写作主题对学生进行引导。一种方式是，可以从问题引导入手，就主题内容给学生提出若干条问题，让学生先口头回答，再将答案连写成短文，这种引导方法学生容易接受。另一种方式是，教师列出作文需要的词汇，用词汇引导学生写出与题目相关的句子。教师还可以用思路图、树状图等形式引导学生的写作思路，再组织词汇、句式、段落完成短文。

总之，在初中英语课堂实施新教学法，是以"自学・议论・引导"教学理论为

指导，系统借鉴、整理、选择教学经验进行分析与整合，采取一定的步骤、方法和途径，在英语对话教学、阅读课中自觉运用"自学·议论·引导"教学法，研究出适合英语语言学习的自学方法、议论策略以及引导的技巧，从而形成高效的英语课堂模式与教学策略，提高学生学力、提升综合教学成绩。

践行"自学·议论·引导"教学模式对我校教育教学的有效促进作用

兰州市第十七中学　张小伟

特级教师李庾南倡导的"自学·议论·引导"教学法核心理念是以学生为主体，注重学生在教师引导下的群体探究、小组合作探究、个体自主探究，在师生合作中学会学习，学会自主发展。这就要求教师精心研究教材，潜心钻研教法和学法，灵活、交替地运用群体探究学习、小组合作学习、个体自学的方式，向课堂要质量，努力挖掘学生学习能力。践行"自学·议论·引导"教学法是教师提高教学水平和教学能力，提升学生学习能力的一条有效途径。

教育改革已进入深水区，"以人为本""以学生的发展为本"这一理念已深入每一位教师内心，促使教师的教学理念、教学方式和教学行为发生了根本性的改变。我校近两年来长期坚持"向课堂要质量，向教研要效益"的理念、以李庾南教授"自学·议论·引导"为主要教学模式，不断寻求教师专业化成长与发展的有效途径，通过形式多样的教学研讨，使教师从多维角度实践教学，在学习、实践中不断升华自身的教学理念，改进教学行为，促进教师专业成长，进而实现学生全面健康发展的目的。

一、我校践行"自学·议论·引导"教学法的几种形式

（一）校内"自学·议论·引导"研讨模式

初期以数学组为引领，逐步向其他年级、其他学科渗透，按照同一年级、同一学科内容，要求教师用不同的构思，不同的切入点、侧重点进行设计，在不同的班级或同一班级上课，之后通过集体研讨的方式总结经验，每学期有1－2个年级某一学科教师全员参与。

（二）承担片区兄弟学校间"自学·议论·引导"研讨模式

片区兄弟学校间举行的"自学·议论·引导"教研活动，是指我校优秀教师下到兄弟学校，或兄弟学校优秀教师到我校，对同一教学内容进行不同设计、不同构思，在同一年级同一班或同一年级不同班授课，各校内相应年级同科目科任教师参与听、评课等研讨交流的一种方式。

（三）"学习、交流、成长"理念下的"自学·议论·引导"研讨模式

"学习、交流、成长"是我校在新课改形势下，根据学校实际针对教师专业化成长而提出的学习理念。所谓"学习"，是指学校领导、教师到省内外交流学习，开阔眼界，转变思路，提升理念；所谓"交流"，指抓住一切机会，邀请知名专家、名师、兄弟学校中的骨干教师，来我校参与"自学·议论·引导"研讨交流；"成长"蕴意在于领导、老师在参观、学习、交流的基础上，结合我校教育教学实际，逐步形成适合我校学校发展、教师成长、学生成才的教育理念和方法。

二、我校践行"自学·议论·引导"教学法对教育教学的有效促进作用

（一）"自学·议论·引导"教研模式促进高效课堂的生成

"自学·议论·引导"教学法的根本理念是关注人的发展，即关注学生的全面发展、全员发展和个性发展，强调学生的创新精神和实践能力的培养，要求授课教师充分挖掘自身能力，合理安排好"教"和"学"的关系，有效突破重难点，高效完成课堂预设目标。

1. 课堂组织形式多样化，提升了教师的课堂组织能力

"八仙过海，各显神通"，践行"自学·议论·引导"教学法的教师，努力寻求突破，课堂组织形式打破了往常教师唱主角、学生做配角或教师唱独台戏学生当观众的满堂灌形式，而是极尽所能，尝试新的课堂组织形式。"提出问题—创设情境—讨论解决"的研究性课堂，"先自学—再互讲—后解疑"的参与式课堂，我校提出的"3—5—2"教学模式等。这样的课堂，增强了师生之间、生生之间的相互作用，体现了教师的导和引的作用，培养了学生的创造性思维品质、合作意识与技能，促进学生主体性和社会化发展。

2. "以人为本"，构建了融洽的师生关系，和谐的教学气氛

倡导教学民主、实现教学民主是提高教育教学的基本要求。践行"自学·议

论•引导"教学法，有效创设了平等、和谐、积极的学习氛围，使每一个学生在宽松的环境中进行自主学习、自主探索。在课堂上，教师放下架子走下讲台，成为课堂上一员，成为学生学习的组织者、引导者和合作者，教师使用民主性的教学用语，允许学生有不同的想法，鼓励学生质疑问难并参与评价。这样融洽的师生关系、和谐的教学气氛，让每个学生在自主学习探索活动中，主动、积极地在各自原有的基础上得到发展。

（二）以课堂为主阵地，青年教师不断成长

1. 创设积极教研氛围、保障教研活动

由我校"教研室"牵头、"教师发展中心"具体负责组织，建立学习培训制度，保障不同形式的"自学•议论•引导"教研活动的开展，教师之间构建起一种学习型教研常态，使"交流、学习、成长"成为教师自我发展的内在需要。以课堂为阵地，在听课、评课、研课、磨课过程中教师不再是"局外人"，而是由"客串"成为教研的主角，创设了一种上优课、说真话、解决真问题的和谐教研氛围，使"自学•议论•引导"教学法的实践落到实处，真正在我校开花结果。

2. 集思广益，求同存异，促进了教师的专业成长

我校践行"自学•议论•引导"的各位教师，多为青年教师，面对同一教学内容，教师间集思广益，求同存异，呈现出了不同的课堂形式和效果，对教材的把握与建构、环节的构思与实施、活动的设计与组织、问题的提出与解决等各方面，都表现出了各自不同的特点。践行"自学•议论•引导"教学法，引导学生学会学习、善于学习、培养他们的学习发展能力，将"自学•议论•引导"三个基本环节有机结合、融为一体，优化课堂教学结构，使先进的教学理念和科学的教改价值取向转化为教学实践，有效促进了我校青年教师的专业成长。

（三）学生是践行"自学•议论•引导"教学法的最终受益者

参与"自学•议论•引导"教研模式的教师，以训练学生的创新能力为目的，保留学生自己的空间，使学生在上课学习过程中能够与教师一起参与教和学，并做学习的主人，从而形成一种宽松和谐的学习氛围。同时，在课堂的各个过程给予创新思维的培养，充分挖掘学生潜能，引发深层次的思考。因此，这样的每一堂课都倾注了教师的新理念、新思路、新方法，学生的主体性、主动性得到空前发展，课堂效果明显优于往常，学生自然成了最终受益者。

随着教育改革的不断深化，教学理念的不断更新，教改制度的变革，特别是新

课程的改革，对学校、对教师提出了更高的要求。我校也将会进一步深化和发展"自学·议论·引导"教学法，在教育教学工作中不断学习和实践，努力提高自身的综合能力和整体素质，培养具有创新精神和能力的新时代人才，以适应时代的发展要求。

融合　发展　构建高效课堂
——"自学·议论·引导"教学法在"导学自主高效课堂"的应用研究

中国科学院兰州分院中学　王彦强

课堂是教育教学的主阵地，也是教学本质的集中体现，教育改革只有抓住课堂才能真正发展。为深入推进课堂教学改革，我校自2010年以来，研究制订了《"导学自主高效课堂教学模式"实施方案》，旨在让学生成为课堂的主人，促进学生在教师指导下主动地、富有个性地学习。但是，在多年的"导学自主高效课堂教学模式"的实践研究中，一些深层次问题阻碍着课堂教学改革的深入推进，如对学生学力的研究不够，自学指导僵化欠缺层次性，合作学习流于形式，教师引导质量不高，对学生思维能力的培养比较欠缺等。而李庾南"自学·议论·引导"教学法的引入、融合，能够深入推进"导学自主高效课堂"教学研究，丰富和完善学校"导学自主高效课堂"教学模式，促进学生的全面发展，提升教师专业素质，涵育学科核心素养。

一、融合促"自学"由"单一"走向"多元"

"自学·议论·引导"教学法与"导学自主高效课堂"教学模式都倡导"以生为本"，教师要引导学生充分自学，把学习的主动权还给学生，于是融合课堂中"自学"的融合是关键。

"导学自主"课堂的"自学"单独成为一个模块，包括展示学习目标与指导学生自学两个基本环节。自学指导的内容设置基本上为：先让学生阅读课本，再布置问题让学生读完课本后回答，试图将教材内容化为问题的形式让学生先学、先做，后讨论或教师讲解。在教学过程中，这种"牵引式"或"问答式"的自学，常常由于目标要求设定不准确、方法指导不能面向全体学生，从而往往容易导致自学流于形式，教师还得回头重新引导学习，既浪费时间还达不到自学的设计目的，于是如何预设自学环节成了教师们的难题。随着"自学·议论·引导"教学法的学习实践的推进，发现"自学"是一种基于个人思考的学习过程，是贯穿教学课堂的始终的，它不是单一的阅读课本、回答问题，可以是以个人思考、钻研为主的自学；可以是群体议论为主的自学；也可以是个群结合、练议为主的自学。自学的这三个环节相互联系相互补充，使得学生在习得课本知识的同时又加以深化延伸，收获了数学方法，锻炼了数学思维，这才是真正意义上的自学。于是我校自学环节的设置不再单一固化到课堂开始，而呈现多角度、多层次。

例如，数学学科学习"尺规做圆内接正六边形"，学生在教师引导下通过独立阅读教材、思考演练以及相互交流讨论，获得了书本上的知识。接着，学生又不仅仅停留在对课本的阅读上，而主动引申、拓展，研究了如何用尺规画一个圆的内接正三角形、正四边形，以上作图方法可以作圆的任意内接正多边形吗，等等。这样的自学既探讨习得了新知，又让学生初步感受了由特殊到一般的不完全归纳的数学思想，还可以引导学生了解到要实现"完全归纳"还需严格的推理证明。这就是学生在教师引导下的自主学习。学生只有在教师的引导下才能实现有意义、有质量、有效率的自学。

二、融合促"合作"由"形式"走向"有效"

"自学·议论·引导"教学法与"导学自主高效课堂"教学模式都注重"合作学习"，通过师生合作、生生合作，使学生在自学中没有解决的问题得到更有效的处置。但学习研究"自学·议论·引导"教学法之前，合作学习呈现"重形式""轻效果"的状态，学生往往还没进行自主思考，就开始了"激烈"的讨论、合作。这样的讨论是低效的甚至是无效的，合作学习就会流于形式。于是一堂课何时议论、议论什么、如何让议论更深入成了教学设计时的难点。通过融合研究，以及跟李庾南老师面对面的交流，我校教师对"议论"有了新的认识：

一是"议论"环节不是固定不变的。不同的教学内容，不同的学生，合作议论的时机及内容也是不同的，这就需要教师必须研读教材，钻研课标，明确教学任务和要求；其次是理解学生，掌握学生的学习水平、学习能力、学习方法和学习情感等，才能把握议论什么。二是"议论"不能忽略学习的核心内容，同时"议论"中不仅有生与生思维的碰撞及补充，教师也应该及时捕捉学生议论中的"闪光点"以推进议论的深入。

三、融合促"引导"由"过程"走向"深度思维"

（一）引导要立足于学生已知

"导学自主高效课堂"教学实践中，教师的引导把握不到位，预设的问题学生不假思索都能回答，思维含量低，学生的探究流于形式，无有效的生成。究其原因一是对学生的学情分析得不准确，不愿放手让学生充分地自主探究，自我质疑，担心学生想不到，教师的引导问得很细，缺少了思考的空间，不能调动学生思考的积极性；二是对教材的认识就是"教教材"而不是"用教材教"，基本上是按照课本上给定的探究活动依样画葫芦，学生的探究缺少从哪些角度研究的引导，不能很好地培养学生发现和提出问题，分析和解决问题的能力。相机引导，需要教师关注当前知识与学生认知结构的"距离"，对于"距离近"的知识，如推论、有直接类比对象等知识的教学，老师要不引导或少引导，让学生独立自学、自主探究，比如反比例函数解析式的生成；而对于"距离远"的知识，教师要预设有思维空间的问题，要在恰当的时机给予一定强度的点拨、引导，比如锐角三角函数学习中，学生对边角关系的研究经验较少，锐角角度的变化与三边中每两边的比值变化成函数关系是抽象程度较高的数学概念，该函数关系的生成对于学生是有一定困难的，学生独立自学的分量要轻一些，教师引导的分量要重一些，只有对学生学习内容的困难有充分、准确的把握，教学中才能做出充分有效的引导。

（二）引导要着眼于深度思维

引导是教师运用点拨、解惑、提示、释疑等方法，发挥引导、指导、辅导作用，尊重学生，确保学生学习的主体地位，激励意向、启发思维、点拨疑难、指点方法，让学生自己会学、学会，懂想、想懂问题，促使学生的全部心理活动积极有效地进行和健康地发展。教学活动中，教师引导对学生的思维起"诱发""引爆"的作用，所以融合课堂强调"相机引导"，即教师的引导要适时、高效、走向学生思维的深处。

例如在"轴对称图形的性质"的教学过程中。教材设计的探究活动直接让学生制作观察成轴对称的两个图形的对应点、对应线段、对应角的关系，问题指向很明确，几乎"捅破了窗户纸"，引导生成的味道很淡，致使发现"轴对称的性质"过程中的思维含金量大大降低。因此老师们再学习，再讨论，再研究认为：首先，要让学生知道："性质是变化中的不变性""轴对称的性质就是对称轴两边两个图形的关系"，即形状、大小和位置关系。根据这样的认识可以设计如下的问题引导学生展开探究，生成新知：

问题1：你认为研究轴对称的性质就是要研究什么？（明确研究目的，生成要研究图形变化中的那些不变性）

问题2：具体要研究什么呢？（明确研究思路，引导学生通过讨论，生成要研究的是对称轴两边的两个图形对应元素之间的关系）

问题3：对应元素之间是什么关系？（引导发现研究对应点、对应线段、对应角的不变性）

问题4：观察成轴对称的图形，你能立即得出它们有哪些不变性吗？（生成形状大小不变，即两个图形全等，立即得出对应线段相等、对应角相等的性质）

问题5：对应点的不变性怎么体现？这个不变性学生不容易发现，需从概念出发思考性质。

问题6：你认为还有什么不变性？因为两个图形是全等，生成两个图形中的对应元素的大小关系、位置关系都保持不变。

以上知识的生成学生不仅得到有关概念，而且还受到"什么是性质"，"怎样研究性质"，"回归定义研究性质"等有序训练，引导学生发现数学规律，留给学生想象和思维的空间，数学学科训练思维的特点也得以体现。

"自学·议论·引导"教学法与"导学自主高效课堂"的融合研究，有利于促进教师专业发展，有利于促进学生学习方法转变，发展学生的学力，提升学生综合素质，更有利于提高学校教育质量。

"自学·议论·引导"教学法的推广中本土化问题浅谈

兰州市第十一中学　吴晓英

一、"自学·议论·引导"教学法概述

"自学·议论·引导"教学法是由我国的特级教师李庾南老师主持创立的，始于1978年，最初是在初中数学学科中进行实验探索，后慢慢推广至其他学科，由李老师一人的教学探索演变为团体的教学改革的探索，走出了启秀中学，走出了江苏省，成为全国范围内的面向各学科的先进的教学方法，并得到了全面的推广。

对于"自学·议论·引导"教学法的实质与精髓我们可以从三个层面来进行认识，首先，浅层次的直观认识，也就是从结构观的角度来进行分析，我们可以将这一教学法看作有机结合的三个教学环节：一是独立自学，也就是学生的自主学习；二是群体议论，指的是在师生及学生之间展开的多人的交流与讨论；三是相机引导，也就是老师发挥引导作用，通过答疑解惑或者提示等的形式帮助学生进行学习。其中"自学"是进行学习的基础，"议论"是三者的枢纽，"引导"是教学的关键，三者互为倚靠，相互交融，共同构建了新的教学结构。

其次，"自学·议论·引导"教学法的核心是通过三步法的教学模式帮助学生正确认识学习，真正地学会学习，可以开展独立自主的，甚至创造性的学习活动，树立积极的学习态度，培养他们的学习发展能力。这也是这一教学法的最终目标，其实，这也应该是所有教学活动都要达成的最终目标。

最后，"自学·议论·引导"教学法最根本的思想和实质是坚持以学生为本的指导思想，在正确教学观的支持下坚持以学定教，否定教与学的对立，坚持两者之间的统一，树立为学生服务的理念，以教为学服务。这也应该是我们要倡导的科学正确的教育观念。

---

[1] 2019年1月发表于《读写算》第01期。

二、在初中数学的教学中推广"自学·议论·引导"教学法需要注意的问题

（一）传统的教学方法根深蒂固，师生都存在僵化的思维观念

教学活动历经几千年的发展，一直沿袭着老师教、学生学的教学模式，尤其是在我国应试教育的重压之下，传统的"填鸭式"的教学方法根深蒂固，老师与学生都已习惯了这样的教与学的模式，哪怕我国一直强调素质教育，传统的教学模式也未有较大的改观，不仅是在初中数学的教学中推广实践要挑战传统的教学模式，所有学科都将遇到这一难题，几千年的固化思维很难在一朝一夕间改变。

（二）注意结合我国的教育现状

要想推广"自学·议论·引导"教学法，提高其本土化适应能力，不仅要挑战传统教学观念及模式的"权威"，还会面临老师及学生有没有这样的教与学的能力的问题，历经传统教学方式的不间断的"锤炼"，老师及学生都已经有了很强的适应性，甚至已经发展为惯性，学生缺乏必要的自学的能力，老师也不能想象甚至适应放手让学生自己去学习的方式，老师及学生都存在短板，这是我国的教育现状，不容忽视，却不得不慎重面对。

三、在推广中加强"自学·议论·引导"教学法本土化的对策

（一）准确定位自主学习

自主学习就是要将学习这件事的主动权交还给学生自己，保证学生有充足的时间和空间进行独立的学习，目的是培养学生自主学习的能力，激发其积极性和创造性，使他们能够进行独立的思考，摆脱对老师的过度依赖。自学活动可以分为逐渐递进的三个层次：从需要实物的辅助材料的"接受性"学习，到可以从不同的知识环境中吸取并构建自己的知识体系的"生成性"学习，再到可以通过自己的思维及知识体系延展新的探究方向的"创新性"学习。

（二）帮助学生合理开展有效的议论

1. 转变学生的学习观念

要引导学生转变固有的学习观念，加强与同学及老师之间的交流，去参与各种

群体范围的议论，树立合作学习的意识，习惯新的学习方式，可以慢慢主动参与甚至发起相关讨论，养成主动交流的学习习惯。

2. 由浅入深培养学生的议论能力

组织学生进行议论学习时，要考虑学生的接受能力、知识体系及思维能力，从客观事实出发，从有引导的、浅显的议论开始，逐渐深入，通过问答式、讨论式、议论式三个培养阶段，步步深入，逐步引导，培养学生开展议论、引出议题的能力和水平。

3. 创造良好的议论条件

老师要做好充分的准备，确保课堂可以展开讨论，而且要保证学生有能够使讨论顺利进行的准备；然后教师要随时把握好议论开始的时机和课堂议论主题及内容的适宜度，确保议题或者讨论内容学生有兴趣，而且容易展开及深入，更重要的是学生可以从议论中有所感悟和收获；教师要引导学生创造一个大家都能适应的议论氛围，使课堂议论可以自由开展。

（三）发挥教师的引导作用

引导是"自学·议论·引导"教学法的最后一个环节，也是充分发挥教师的教的作用与意义的一环，教师要灵活运用各种方式帮助学生开展自主的学习，使学生获得科学的自学方法及良好的自学的能力，提高学习效率和课堂效果。

（四）不断发展学生的学习能力

要贯彻落实以学生为本的指导思想，明确学生的主体地位，明确学习才是教与学过程中的重点，帮助学生学会学习才是教学的最终目的，要注意培养学生积极的学习态度及良好的学习品质，引导学生掌握科学的学习方法，构建积极健康的学习心理，不断增强学生的学习能力，提升并发展学生的学力。

（五）处理好教与学的关系

坚持以学生为本的观点，在这样的思想的指导之下，坚持以学定教，将教程与学程统一起来，坚持教法即学法、学是教的出发点和最终目的的观点，避免单纯地以教为主或者以学为主的倾向；坚持教与学的统一，主张学生自学的同时，也要充分发挥教师的引导作用，教师要明确教是为学服务的观点，树立服务的理念和策略，以学生为本，为学生的学习服务，为学生的发展服务。

结语

"自学·议论·引导"教学方法的试验探索始于 1978 年,至今已有 40 余年的时间,经过试验与探索表明,这种教学法在初中数学的教学中可以起到积极的影响,可以推广至各学科的教学中,对推进我国的教育改革、持续深入落实素质教育也具有重要的意义。

李庾南"自学·议论·引导"教学法的基本原理与操作要义

兰州市第十一中学　张瑞云

一、李庾南"自学·议论·引导"教学法基本原理

（一）以学定教

李庾南指出，"自我教育是真正的教育"，为此教师在"自学·议论·引导"教学法中应作为"引导者"，关注并参与到学生自主学习过程中，了解学生的学情，继而确定教学目标、方向、方法及内容，围绕学生学习实况灵活组建高效课堂，确保教学内容全部围绕学生学习需求展开，与学生学情相契合，提高教学质量。

（二）情智相生

情智相生原理主要从以下几个方面进行分析：一是师生情感。学生与教师可构建课堂的两大要素，只有师生关系和谐，学生才能听从教师的话，教师才能接收到学生学习实践信号，方可达成构建师生交互课堂教学目标，试想若师生关系不和谐，学生、教师"各自为政"，教师将无法感知学生学习诉求，学生将不明晰教师教学目标，降低教学质量。二是由知识产生的情感。学生学习知识的动机、兴趣、意志等均属于情感，在学习过程中依据自身学习需求与能力，主观筛选、维持、调节等行为也受情感驱动。只有教师满足学生学习情感诉求，才能有效提高课堂教学质量。

（三）活动致知

"活动"主要是指实践操作，让学生依据所学知识，结合自身能力，展开实践探究，转变书本知识固有状态，将其变成一个"小实验""小模型"，给学生接触"活的知识"的机会，逆转以往课堂教学单调、枯燥教学常态，使学生在动手实践活动过程中，看到书本知识更多可能，增强教学趣味性，依据学生动手能力、学习能力、

理解能力，以同一活动主题为导向的活动结果不尽相同，凸显学生课堂教学主体地位，在引导学生有效理解书本知识基础上，达到培养学生创新能力、想象力、分析理解能力等核心素养的教育目的，提升该教学方法应用价值。

（四）最近发展

李庾南"自学·议论·引导"教学法以维果茨基著名理论——最近发展区为基本原理之一，引导教师在教学实践过程中更加关注学生的实时动态，以学生课堂"最近"一次表现为基础展开针对性教学，尊重学生的差异化，利用学生学习差异化表现，探寻学生个性化学习需求，展开教学引导，达到因材施教目的，引导学生不断成长，给学生充足的自主学习空间，使学生均能积极主动参与到教学实践过程中。

二、李庾南"自学·议论·引导"教学法操作要义

（一）围绕核心知识建设"知识生产"链条

核心知识是课堂教学的"基地"，"知识生产"链条是通过学生合理推理、判断、猜想产生的新知识，这些知识与核心知识息息相关，同时凝结着学生自主学习与思考的智慧结晶，突显学生教学本体地位，肯定教师引导成效。

（二）依据学情转变教学策略

基于学生教学表现有所差别，有时甚至会在教师规设情况外，在"自学·议论·引导"教学法加持下，教师应关注学生学情，以此为由转变教学策略，满足学生学习诉求，助力学生攻克学习难关，在教师引导下学生个人、小组、全班学生将以自主学习、群体议论、相机引导为载体兼容在一起，使教学体系更加完整且富有灵活性。

（三）调动学生思维活性提高教学质量

学生思维能力是灵活使用所学知识的基础，为此教师应给学生独立思考空间，提高其自主思考能力，同时教师应以引导为主，有针对性地训练学生的思维，使学生的思维富有律动、深度、广度，能结合实际问题展开分析，使学生能通过思考发现事物的本质，优化其学习品质。

（四）"自学·议论·引导"教学法延展

"学材再建构"源于李庾南老师"自学·议论·引导"教学法中"重组教材内

容，实施单元教学"的思想；是李庾南老师"自学·议论·引导"教学法的操作规则之一。"学材再建构"是指师生根据学习任务，为了实现学生学习效益的最大化，对各种主客观性学材进行主动加工重构的过程。这一过程由三个部分组成：一是教师独立地对学材进行建构；二是学生在教师的引导下独立地对学材进行建构；三是师生共同对学材进行建构，这三者合起来就是一个完整的学材再建构过程。它必须遵循"以课程标准为基准，以教科书为参照，以教学对象（学生）为依据"的原则，并以"学生最大发展"为旨归，根据学习任务，为实现学习效益的最大化，对各种学材进行主动加工重构，其主要表现形式为"单元教学法"。

结语

综上所述，李庾南"自学·议论·引导"教学法施行主体是学生，引导者是教师，在以学定教、情智相生、活动致知、最近发展基本原理支持下，经其反复教学实践应运而生，是当前许多创新型教学方法发展的基础，为使其得以充分发挥教学实践价值，教师需设定核心知识，通过引导促使学生"生产知识"，依据学情转变教学策略，调动学生思维活性提高教学质量，通过学力发展培育优秀学生，突显该教学方法应用价值，助力教学事业良性发展。

"自学·议论·引导"教学法在初三数学复习教学中的应用

兰州第十一中学教育集团　火高上

教学活动中最本质的关系就是教与学的关系，教师如何教与学生如何学是教学改革的重要话题。在新课改中，教师的教从教会学生知识转变为教会学生学习，这个变化意味着教师需要摒弃传统的灌输式讲授教学模式，寻找既能教会学生基础知识与基本技能又能教会学生思考提高学生综合能力的教学模式；学生的学从机械地接受学习过渡到主动地发现学习，学生学习方法的变化昭示着学生成为课堂学习的主体，学生需要通过自主学习、合作交流、动手实践等过程学习知识。"自学·议论·引导"教学法"的教学是通过教学实践证明的与传统教学几乎南辕北辙的教学，它强调以学生为中心，以学生的认知发展水平为教学起点，让学生经历交流与实践，以培养学生学习能力为最终目的。复习课是最难把握的一种课型，数学复习课是难度最大的复习课，数学课本身较之其他学科更枯燥难懂，再加上学生没有学习新课的新鲜感，初三总复习又是学生将九年学习过的数学知识进行巩固并串联，如何上好初三数学复习课成为初中数学老师头疼的问题，"自学·议论·引导"教学法以其独树一帜的教学流程被初中数学老师关注，后又因其已有的成功的提高初中数学复习效率的实践结果而被推崇。本文将从两个部分来论述，分别为解读"自学·议论·引导"教学法与"自学·议论·引导"教学法在初三数学复习课的具体应用策略。

一、解读"自学·议论·引导"教学法

"自学·议论·引导"教学法是全国著名的特级教师李庾南老师历经三十三年结合自身丰富的教学经验与教育学理论知识而创立的新型数学教学法，该教学法经过实践验证已经从数学学科推广到其他学科中。笔者将从三个关键词进行解读。首先，自学可分为接受性自学、生成性自学与创造性自学。接受性自学活动是利用一些自

学辅助材料如教学视频、教材或教辅材料来获取知识；生成性自学是指在凸显新知识的情境或背景中学生自主建构知识；创造性自学指的是通过思维的拓展与延伸从已有的知识中迁移出新知识。其次，议论可分为两个层次进行，第一层通过引导学生参与交流与讨论在认知与情感上增加学生的合作学习意识与对"议论"的体验；第二层通过以学生的实际思维水平出发加深"议论"的思考难度。最后，引导是教师运用点拨、提示、解惑等方法让学生激发学习的兴趣、解决认知冲突、启发学生思维等。

二、"自学·议论·引导"教学法在初三数学复习课的具体应用策略

（一）通过分层的教学过程引导学生进行数学复习

"自学·议论·引导"教学法的教学环节很清晰，即独立自学、合作议论与相机引导三个环节，在总复习课程中教师可以通过让学生熟悉这样的学习流程，之后学会自主复习，增加复习的有效性。首先，教师在进行一个数学类别的复习时，可以让学生先自己根据教材或教辅材料将所有的知识点列出，例如在复习三角形这一大类的知识时，学生可以先将不等边三角形、等腰三角形与等边三角形的相关知识点列出，这一步骤能锻炼学生梳理知识的能力，并且经过这一环节也能让学生将基础知识进一步掌握；其次，教师让学生分组讨论这些知识之间有什么相关联的地方，归纳知识点的异同点，这一环节能够增加学生对知识点的理解，并且通过讨论也能让学生初步构建数学知识体系；最后，教师可以寻找恰当的时机将学生的谈论结果进行总结，引导学生论证猜想、解决疑问、实践探究、总结规律。

（二）结合"自学·议论·引导"帮助学生分析数学题中的错误

复习过程中教师通常会设计练习题让学生再巩固基础知识，但是在设计练习后教师要注意及时引导学生进行错题分析，这样才能将数学练习的作用充分发挥，不造成练习过多，练习效果不尽如人意等现象。为了更好地进行数学错题分析，教师可以结合自学、议论与引导三个环节进行。首先让学生根据题目答案自己寻找出出错点，其次让学生进行群体讨论分享自己的错误，最后教师引导学生将易错点进行总结，寻找出优等生、中等生与学困生三个层次学生的易错处，进而逐个突破。

综上所述，"自学·议论·引导"教学法能提高数学复习的效率，初中数学老师可以通过分层的教学过程引导学生进行数学复习并结合"自学·议论·引导"帮助学生分析数学题中的错误来发挥"自学·议论·引导"教学法的价值与作用。

初中数学自主学习模式的构建

榆中县小康营中学　赵勇贤

自主学习是一种与传统学习模式对应的学习方式，学生为学习活动的主体，最大限度地自主支配学习过程，通过讨论、思考、阅读、动手操作等方式理解教学内容。四十多年前，著名教师李庾南就发明"自学·议论·引导"的教学方法，她强调课堂教学应当是通向未来、通向世界的跳板，教育不应该只注重学生当下的发展，而是能够为学生今后发展打下基础，实现这一目标的有效方式就是实现学生的自主学习。

传统"满堂灌"的教学方式压抑了学生的学习活动，学生处在被动的地位，被动地思考，被动地学习，教学形式固定化、形式化，也束缚了教师的个性、创造性和艺术性。因此，数学教师需要吸收新的教育理念，构建学生自主学习的课堂模式。

一、李庾南"自学·议论·引导"教学法的概念及意义

李庾南老师的教育思想不是一朝一夕形成的，在1978年，李庾南老师就开启了这项教学改革实验，历时40余年，经历了四个阶段，几乎贯穿了李庾南老师整个教学生涯，取得了开创性的成果，她的这一教学思想深深地影响了我国新世纪教学改革。李庾南"自学·议论·引导"主要包括以下三个环节：

一是独立自学，即学生独立地开展学习活动，也就是让学生自主通过预习和复习获得知识，同时使学生能够自主构建新知识，将学习的知识应用到新情境。

二是群体议论，议论是指学生与学生、老师与学生开展小组或全班的讨论和交流，是合作学习的基本形式，这样能够促进团体的进步，活跃学生的思维，有利于学生创新思维的发展。

三是相机引导，即教师运用点拨、解惑、提示、释疑等方法，发挥教师的引导作用，自主学习并不意味着教师撒手不管，教师也要对学生进行有益的指导，利用

问题情境或者启发性的描述打开学生的思维和眼界，使学生能够明确研究内容和研究方法。三者是相辅相成的，只有三者共同作用，才能促进学生的自主学习。

二、初中数学自主学习模式的构建

（一）自主预习，培养学生独立学习的习惯

笔者认为，良好的预习习惯，不仅能为接下来的课堂学习打基础，也有利于学生学习信心的培养。在引导学生独立学习的过程中，教师要坚持"以生为本"的教育理念，根据学生的个体特性，帮助设置不同的学习目标和规划，引导学习。

在引导学生预习《认识三角形》这一课时，教师在黑板上将本节课的重点及难点写出来：1.三角形中线、平分线、高的概念及画法；2.学会观察。明确重难点后，在黑板上画出知识框架，让学生通过阅读课本找到知识点，完善知识框架，写在笔记本上，同时，用颜色鲜明的荧光笔将本节课的重点、难点画出，最后试着做课后题，将疑难题型（包括错误答案）写在错题本上，在讨论研究后，将正确答案以及解题过程和思路用红色的笔写在下面，方便对照和总结，需要注意的是，让学生准备不同颜色的笔（方便记重点和写错题，以此区分开来），准备两个本，一个是课堂知识框架总结，一个是错题本，方便区分记录。

（二）加强互动，丰富学生的数学学习体验

良好的课堂互动，是实现高效课堂、提高学习体验的最佳方式，更是帮助学生提高自主学习能力的最佳平台。在传统的课堂教学模式下，师生互动交流较少，课堂气氛沉闷枯燥，学生缺乏对数学学习的兴趣，这样自主学习能力的培养也就无从谈起。因此，教师应加强与学生的互动交流，也要促进学生合作学习，形成愉悦、轻松的课堂学习氛围，丰富学生的学习体验。

在学习《轴对称现象》这一课时，首先我给学生提出一个有趣的问题："生活中的轴对称图形有哪些呢？"学生回答说："蝴蝶、桌子、跷跷板。"这样便激发了学生的思维，使学生注意到了数学知识与生活的联系。接着，我准备一些辅助工具如剪刀、彩纸、尺子等，将这些工具发给学生小组，让学生小组之间展开自主实验以及活动讨论，学生通过这些工具裁剪出了对称的三角形、正方形，还有纸飞机，等等，分享所在小组的研究学习成果，深化了对"轴对称"概念的理解。

在这个过程中，教师可以对学生进行指导，对学生的自主学习成果做出积极评

价，更好地激励学生。

（三）大胆质疑，培养学生的创新思维能力

质疑是学习的动力，也是创新的基础。自主学习的重要目标之一就是培养学生的质疑能力，反过来，只有通过质疑才能实现学生的自主学习。学生的自主学习是在不断提出问题、思考问题、解决问题的过程中实现的，是学生思维能力的体现。

因此，在课堂教学中，教师要积极引导学生思考，鼓励学生发言和质疑，让学生勇敢地提出不同意见。

在学习《正方形的性质和判定》这一课时，"判定正方形"是教学重点。在课堂教学中，我让学生自主探究正方形的判定方法，不必拘泥于课本中的方法，可以充分发挥自己的想象，即使说错了也没有关系。在学生的积极讨论下，总结出了多种判定方法，比如"对角线相等的菱形是正方形"或者"一组邻边相等，有三个角是直角的四边形是正方形"。此外，在讲到"三角形的内角和是180度"时，有的学生提出了质疑，学生说在曲面中三角形的内角和不是180度，学生面面相觑，我就鼓励和表扬这名学生，并且解释："这位同学说得很正确，只有在平面下，三角形的内角和才是180度，等你们以后学习了更多的知识之后，就知道这个问题的答案了。"

（四）自主评价，激发学生学习数学的动力

在初中数学教学中，教学评价是一个十分重要的环节，及时有效的教学评价，可以对学生的自主学习产生导向作用，从而进一步强化学生自主学习的效果。为了使教学评价的作用充分发挥。

一方面，教师要扩大评价的范围，不只是以学生的学习成绩为参考，还要注重学生的学习能力以及情感思维的发展。培养学生的学习习惯往往比学习结果更重要。

另一方面，教师要扩大评价的主体，让学生参与到学习评价中来，这样会提升学生自主学习的积极性。

我每次在学习一节课的知识之后都要对学生进行评价。首先，我让各个小组进行自我评价，并将本小组成员在小组讨论中的表现以及对课程内容的掌握程度汇总上交，以便根据学生的学习情况进行指导。其次，我对学生进行评价时，并没有过分关注学习结果，而是对那些学习态度认真、合作意识强、思维发散的学生给予鼓励。此外，我还让学生发现同学学习的优点和长处，互相评价，使学生能够相互激励、共同成长。

总而言之，当前的教育背景下，自主学习能力的提升对于学生的数学学习具有十分重要的作用。作为初中数学教师，要认真学习李庾南老师的教育思想，在教学实践中探索学生自主学习的方式方法，构建自主学习的课堂，从而促进学生综合素质的发展。

浅谈"自学·议论·引导"为主的课堂教学

榆中县清水学校 李玉红

在传统的课堂上,教师是"主角",以传授知识为主,学生只是被动接受,学生的主体性未能有效调动,学习兴趣没有得到有效发挥,教学效率低下,课堂沉闷。教师缺乏对课标和教材的理解把握,教学的艺术性不强,不注重有效地引导,而是用大量的辅导和机械的训练代替了课堂的有效教学。所以要提高教育教学质量,就必须贯彻"育人为本"的教育理念,大胆进行课堂教学改革实践,充分发挥学生的主体作用和教师的主导作用,因材施教,倡导以"自学·讨论·引导"为主的灵活多样的教学方法,让课堂焕发生命的活力。下面,我根据自己对课堂教学的实践,谈谈"自学·讨论·引导"为主的体会。

一、"自学·讨论·引导"为主的课堂教学的基本环节

课堂教学效益的高低直接影响到教学质量的高低,因而课堂的有效是提高教育教学质量的关键。为了提高教学质量,根据"先学后教,当堂训练"和"预习、展示、反馈"的模式,结合教学实际,我认为"自学·讨论·引导"为主的课堂教学应包含独立自学、群体议论、相机引导三个环节。

独立自学,即学生独立开展学习活动。活动形式有"阅读""倾听""操作""笔记"等,关键是要求学生提前预习,开发学生独立的思考能力和自学能力。

群体议论,讨论在小组内部、小组之间、小组与教师之间展开。小组或全班的交流讨论是讨论的基本形式和主要形式,教师通过引导推动讨论顺利开展。

相机引导,即教师运用点拨、解惑、提示、释疑的方法发挥指导作用,主要为创设合适的情景,生成课题,激发兴趣,并根据学生学习中出现的问题,进行启发

[①] 2018年10月发表在:不负时光·兰州教育与卓越同行——"自学·议论·引导"教学法兰州实验区成果论文集中。

性的描述，使学生得到仿效和借鉴，或对有关问题的前景进行生动的描述，使学生打开眼界，拓宽思路，或是列举一些矛盾的现象，选编一些容易发生错误的习题，让学生在实践中总结经验教训，等等。教师的引导要使学生有内驱力，有内容，有方法，使学生的自学和讨论有秩序、有激情、有见地、有深度，最终使课堂学习达到课程学习目标。

在这三个环节中，"独立自学"是基础，"相机引导"是关键，"群体议论"是枢纽。三者相辅相成，融为一体，贯穿课堂教学全过程。

二、处理好小组合作学习与教师"引导"的关系

小组合作学习，一是把学习主动权还给学生，让学生自觉自主学习，积极愉快地学习，培养学生良好的学习习惯；二是让学生学会学习，善于学习，培养学生良好的学习品质和学习方法，核心是要培养良好的思考能力和创新能力。学生的自学能力不是天生就有的，必须经过教师的引导，特别是小学生，因此，课堂上既要强调学生在学习中的主体作用，又要始终坚持发挥教师的积极引导作用。小组合作学习只有在教师的引导下才能实现有意义、有质量、有效率的自学，教师在课堂学习中，要充分地、智慧地发挥引导作用，引导学生学会学习。

三、处理好小组讨论与教师"引导"的关系

讨论是小组合作学习的基本形式，"小组合作学习"中"合作"是"学习"的形式，学习是合作的内容，不能光看重"合作"而忽略"学习"这个核心内容。有效的小组合作学习是需要教师在教学实践活动中通过引导、培养、改进才能获得。

一是要变革学习观念，要改变学生认为上课就是听老师讲、做笔记、做习题的观念。引导他们认识到学习知识特别是理解和掌握知识必须依靠自己积极的思维实践活动，老师和他人是不能代替的。"讨论"是给大家提供了理解消化知识，切磋提高的好机会。教师要引导学生积极参与讨论，提高学习效率。

二是要有层次地将"讨论"引向纵深，从由教师被动提出问题，让学生讨论回答，到学生不仅能回答教师的问题，而且对回答的内容能再延伸，提出新的问题，征求新答案，最后到围绕一个较大的、内涵丰富、有课题研究探讨的问题，引导学生依据自己的思路，自由发表见解，相互启发促进，甚至热烈争辩。

三是要不断创设"讨论"的必要条件。首先教师要给学生足够自学的时间，让

学生有讨论的基础。其次教师要把握讨论的时机，通过激趣、点拨、评价等方式推进讨论的深入开展。创造一个平等、热烈、严肃认真、互助合作的良好气氛。

四、采取灵活多变的形式，体现课堂教学的个性化

我们倡导自学、讨论、引导三个基本教学环节和个人学习、小组学习、全班学习三结合的教学形式，没有固定不变的模式，而是灵活交替应用，贯彻在课堂的全过程。可以先学后教，也可以先教后学，由教师根据每节课的学习内容，结合教师和学生的具体情况而定，但必须抓住教学的本质和规律，以学定教，体现课堂教学的个性化，达到课堂有效的目的。

总之，课堂教学的前提是有效，首先是"效果"，其次是"效率"，根本上是"效益"。理想课堂，首先是有效课堂，但有效只是课堂教学的价值取向之一。效果显著，效率很高的课堂不一定是有效课堂，有效课堂一定是效果显著、效率很高的课堂，而且充满着人文情怀，闪烁着智慧光芒，洋溢着成长气息！

《焦耳定律》教学实践的思考

中国科学院兰州分院中学　牛小明

2017年我有幸参加了在西宁举办的"丝绸之路经济带"沿线城市教育协作会暨中小学教师教学技能交流与竞赛活动，并在初中物理同课异构比赛中提供了一节20分钟的模拟讲课，与来自西安、银川等5个省会城市的共10位老师展开了比赛交流，受益良多。随着兰州市李庾南"自学·议论·引导"教学法不断深入地推进，再次回顾这次比赛讲课过程，又有了新的体会，现把它写出来与大家分享。

充分发挥学生的在学习中的主体地位是李庾南老师"自学·议论·引导"教学法的精髓所在，物理学科能不能用"自学·议论·引导"教学法？如何应用"自学·议论·引导"教学法？是目前要迫切回答的问题。下面我以这次比赛实践为例，阐明我对上述问题的理解，与大家一起探讨。本次教学比赛教室虽然只有来自5个城市的评委，没有学生，但课堂的精彩也毫不逊色，我设定了学习背景的理想课堂模式，具体设计如下：

一、学习环境和学情设定

学校有无线网络无死角覆盖，学生可通过移动设备接入校园网络，学校建设有校园网络交流平台，班级有自己的资源平台和学习论坛等，学校并设有物理开放实验室，也组建了相关物理的社团，我设定的班级人数为30人，有多名同学是物理社团的成员。知识技能储备方面，学生已学习了欧姆定律，用控制变量法对欧姆定律做了定量的学生实验，通过本章前三节的学习，学生对电能、电功率知识已有了一定的理解。对于一些探索性问题，学生已有了探究意识，初步具备了用控制变量法研究问题的能力，知道转化法的思路，同时也具备了一定的实验操作能力。心理方面，学生对很多科学问题总是有很浓的兴趣，很想探究这些问题，有创新意识，实验设计能力有待进一步提高。

二、我对教材的分析

本节课内容主要有四部分，一是电流的热效应；二是探究电流的热效应与哪些因素有关；三是焦耳定律；四是电热的利用和防止。电流通过导体会产生热，学生有一定的生活体验，但电流通过导体产生热跟什么因素有关？大多数学生缺乏思考。由于学生已经学习了电能、电功率等电学知识，具有了一定的电学知识基础，并且通过一年多的物理知识学习，也具备了一定探究能力，在这些基础之上再来研究电热，符合学生的认知规律，也为我大胆设计创造了条件，为培养学生的创新能力提供很好的契机，但是遗憾的是人教版教材没有让学生放手探究，而是提供了演示方案，引导学生分析理解方案，这种设计思路过于保守，因此我大胆地重新设计，来实现更高的学习目标。

三、教学目标和重难点确定

这节课能培养哪些核心素养要基于对教材的分析和学情的把握来确定，我把这节课教学目标和重难点确定如下：

1. 能通过实例，认识电流的热效应，知道电流热效应与导体的电阻、通过导体的电流、通电时间的定性关系。

2. 通过实验探究电流的热效应与哪些因素有关，培养猜想、制订计划、分析数据、得出结论等科学探究能力，锻炼创新思维能力，进一步学习控制变量的科学研究方法，体会转换法的研究思想，培养严谨的科学态度。

3. 通过学习电流热效应的应用实例和危害防止，培养理论联系实际、将所学知识应用于实际的意识，体会物理知识对生产、生活的重要意义。

4. 通过对物理学家焦耳事迹的学习，体会追求不懈的科研创新精神，激发热爱科学的情感。

重点：通过实验探究电热与电流、电阻和通电时间的定性关系。

难点：利用控制变量法和转换法设计探究实验。

四、教学环节

（一）新课引入

设计新课引入目的是点明研究课题，激发学生的学习兴趣，所以有必要创设有趣的情境，激发学生兴趣，引发学生思考，为后面的探究学习创设有利的条件。这节课采用电热现象的实验来导入比较好，比如电阻丝通电点燃火柴，电热锯切割泡沫等，为了突出效果，实验设计能让学生感到出乎意料，有震撼效果，也可以巧妙设计悬念，创设一定的情境，达到意想不到的效果。比如点燃火柴实验中，可以把若干根火柴做成火炬，模拟运动会点燃火炬的场景，这样不但体现了电热，也把学生带入了运动会的热烈气氛中，更能激发学生的兴趣。我这节课采用了用电炉子通电后点燃火柴来引入课题，贴近生活。

（二）电热和什么因素有关？引导学生猜想

通过实验导入新课后，我顺势给出电流热效应的概念，并通过头脑风暴找出生活中见到的电热现象，我总结这些电热现象并进行归类，指出有些电热有用可以利用，有些电热对人们有害要加以防止，让学生能辩证地看待电流的热效应，从而自然而然地得出，不管是利用电热还是防止电热带来的危害，首先要搞清电流的热效应和什么因素有关，引导学生进行猜想。我们知道电流通过导体产生的电热和导体的电压没有关系，但是学生很容易猜到电压这个因素，要排除电压这个因素，老师会陷入两难境地，因为要证明电热和电压无关，一般要利用两个电动机串联的电路来用实验法排除，至少要花上十分钟左右的时间，这样会让新课教学任务无法按时完成。所以猜想环节一定做好引导，设计好引导问题，才能顺利地得出电热和电阻，电流和通电时间有关。我采用了以下三个问题并配合图片引导学生猜想：（1）电炉丝和导线通过电流相同，为什么电炉丝热得发红，而导线几乎不发热？（2）插线板接入电器太多，为什么很危险？（3）用同一个电热器为什么烧开的水多用时就长？这样猜想的好处是同学们的思路可控，能按照我的预想来完成猜想，为实验设计争取宝贵的课堂时间，有利于把实验设计作为重点环节来展开。当然有学生真的猜想电压这个因素，也不要刻意回避，而是告诉学生可以课后在开放实验室进行探究，证明电热和电压无关。

（三）实验方案设计

本节课的重点内容之一就是设计实验方案，也是落实教学目标2的有效途径，实验方案设计总的方法是控制变量法。由于电热和三个因素有关，研究起来稍显复杂，老师可引导学生讨论得出研究电热和电阻关系时，选两个阻值不同的电阻发热多少做对比，要控制电流和通电时间相同，可采用两电阻串联来满足实验条件。要研究电热和电流关系时，选两个阻值相同的电阻并联，一条支路可串联滑动变阻器或多串一个相同电阻来满足实验条件。研究电热和时间关系时，可在上述实验时观察一个电阻放热随时间的变化来得出结论。本实验不要求学生用量热桶去测量电阻发热，不要求研究定量规律，所以我给学生提供充分开放的发挥空间，用转换的思想反映出电热的多少。为了降低设计难度，我用PPT给学生如下设计提示：

（1）研究电热和电阻的关系，要控制电流和通电时间相同，电阻不同，可将不同电阻串联。

（2）研究电热和电流的关系，要控制电阻和通电时间相同，电流不同，可将相同电阻并联。其中一条支路串联变阻器或电阻来改变电流。

（3）研究电热和通电时间的关系，只要对某个电阻持续观察放热情况即可。

（4）用转换法比较放热多少。

学生实验设计时要给足时间，并密切注意同学们的设计方案，对有困难的小组给予提示性帮助，并在巡视过程中要收集有代表性的学生方案准备点评。

等小组实验方案设计完成后，接下来我把收集到的方案用展台投影出来，让小组代表给大家解释方案和同学们分享，给予点评鼓励，师生讨论可提出改进意见。同学们的方案亮点一般出在转换法比较电热上，可以看哪个电阻先点燃火柴药粉，也可以用电热加热空气，比较空气体积的膨胀，还可以电热让液体吸收，用液体温度升高的度数来反映电热的多少，等等。老师在点评时要客观地指出方案的优劣和改进意见，并要求课后同学们在开放实验室实际实践自己的方案并改进。

为了能较好地培养创新思维，实验设计我没有做任何器材限制，具有充分的开放性，所以同学们设计的实验方案应该五花八门，不可能课堂上逐一演示，所以我也准备自己的实验设计进行演示实验得出必要的结论，如果有小组方案和我事先准备的方案基本吻合，那就按该小组方案进行实验。

（四）焦耳定律的应用教学

通过前面的实验探究，顺利地得出焦耳定律，并给同学们介绍焦耳的故事，来实现第三和第四个教学目标。焦耳定律的应用不仅仅限于利用公式计算，可以多联系生活，能利用焦耳定律的知识理解电热的利用和防止，比如如何防止电路起火，在家里做到科学用电。

（五）电功和电热的区别与联系教学

我们知道电流做功的形式多样，可以将电能转化成各种其他能量，电流的热效应是电流做功的一种表现，只有在纯电阻电路中电功才等于电热，为了能让同学们认识到这个问题，我利用例题先用焦耳定律计算出电热，再计算出电功进行比较，我顺势提出问题，电流做的功和电热都相等吗？从而引导学生思考，由于学生没有纯电阻电路和非纯电阻电路的认知，所以我采用了讲授的办法很快得出了结论。

（六）新型电加热设备原理介绍

随着人们生活水平的不断提高，电磁炉和微波炉已经非常普及，这两种加热器比传统的电加热设备加热效率高达10倍左右，如果不提这些新型加热设备，显然就会和生活脱节了，为了能密切联系生活实际，充分体现"从生活走向物理，从物理走向社会"，老师有必要做适当的引导，显然这节课无法对它们的原理展开探讨，我的做法是给同学们提出问题，课后通过互联网资源了解，并在班级交流平台推荐相关网址供同学们参考。

教学进行到这儿，也就到了小结布置作业的环节，紧张愉快的学习结束了。

从本次教学实践来看，我认为物理学科一定能用李庾南老师的"自学·议论·引导"教学法，因为以学生为主的教育理念本质上是相通的，但实际操作中不能照搬，必须结合物理学科的特点将"自学·议论·引导"教学法灵活应用。比如在新课导入环节，为了激发兴趣，或设置悬念，或联系生活，或演示精彩实验等来提出问题，开好一节课的头，不宜一开始就要自学。为了达到物理探究的完整性，提出问题，给出猜想环节都不宜自学完成，而是要做好"引导"。而设计实验环节可以放开手脚大胆地让学生"议论"，本节课中探究电热和什么因素有关就放手让学生"议论"，但是这种"议论"也是在我给出了4个"引导"性问题之后进行的，防止"议论"漫无目的，也给"议论"适当降低了难度。我对学生设计的实验方案优劣要进行点评，此时也要相机"引导"其他同学来点评，便于其他同学理解不一样的设计方案。实验设计这个教学环节是我这次比赛设计的亮点之一，充分"议论""引导"好了，可以很好地培养学生的创造性思维能力。物理中哪些内容适合自学呢？本节课中电热的利用和危害就比较适合，学生有足够的能力弄明白。"自学·议论·引导"教学法中要不要讲授呢？我认为讲授的基本功一定不能丢，有些知识点，或课堂中某个小问题，采用讲授或许是最好的选择。比如本节课中电功和电热是否都相等，我通过计算题设问把这个问题引出来了，但学生对纯电阻电路和非纯电阻电路没有概念，要通过"议论"来解决显然不现实，所以采用讲授可能最有效。

总之，通过多年的教学实践我认为李庾南老师的"自学·议论·引导"教学法在物理学科完全可以使用，只要结合学科特点，用得恰到好处，一定会收到意想不到的效果。

后　记

　　自古以来，我国就十分重视教学方法的研究。《学记》有云："善歌者使人继其声，善教者使人继其志。"意思是说优秀歌手的高超技艺，能使听众沉醉在其歌声中流连不忘，不自觉地跟着他继续唱下去；优秀教师的独特方法，能让学生不自觉地跟着他学，继承他的志向并努力不懈。可见，教学方法是何其重要。

　　"自学·议论·引导"教学法是全国著名教育专家李庾南老师1978年提出的，经过40余年的不断探索，不断思考，不断总结，不断提高，已成为一种教学体系、一种教学思想。这项来自一线教育专家的教学成果，现在在全国许多学校被广泛推广和应用。兰州市于2016年引进了此教学法，经过5年的实践，取得了比较好的成效。对教师、学生、课堂都提出了新要求，引起了不同的变化。

　　开展教学法实验后，老师们通过对教材内容重新编排，用单元建构知识网络，让学生深刻领会知识间的关联属性。运用点拨、解惑、提示、释疑等方法相机引导，创设合适的情境，激发探究兴趣，让学生自主探究生成知识。教师备课既能预设出课堂"自学·议论·引导"三环节开展的情况，准确把握好三环节的穿插和使用，又能创造一个平等、热烈、互助合作的交流思想、探求真理的和谐活跃的良好课堂气氛。迅速甄别学生的思路、想法，灵活机敏地引导学生去判断学习。开展教学法实验后，学生的"自学"形式更为丰富，课堂表现更加积极，思维能力和表达能力得到了更大发展。

　　"自学·议论·引导"教学法改善了学习气氛，关注了每位学生，提高了大家的参与度和学习兴趣。教学法将每个珍珠般的知识点用框架图串联成珍珠串，通过板书呈献给学生，让板书重新回归了课堂，潜移默化地影响了学生的情感。教学法真正落实和发挥了对学生的主体作用，建构出自由的教学情境，重新找回了课堂教学的原点和本真。

　　兰州作为实验区，对"自学·议论·引导"教学法的推广，采取逐步推进，分层负责的方法，采用"牵头学校＋城区（片区）基地校＋远郊联系区"的模式分层负责，整体推进，全面启动教学法的实践和研究，开展形式多样的交流与探索，扎实推进教学法实验项目。另外，通过课题研究，在实践上结合学校实际，借鉴、落实和发展"自学·议论·引导"教学法；积极组织教师开展"自学·议论·引导"教学法个人小课题，鼓励教师开展各类学习研究活动，通过课题研究推动教学实验开展，促进教学法向兰州本土转化。

教学改革只有进行时，没有完成时，随着时代的发展，需要不断深入和完善，兰州实验区"自学·议论·引导"教学法的实验虽已推行，却任重道远。所幸的是李庾南老师非常关注我市的实验，市教育局顶层设计、实验区分层负责、全面推进的方案非常科学有效。我们相信，在后期的实验中，兰州教育人一定会更加努力践行，让实验项目不断深入推进，让兰州的每所学校受益，让兰州的每个学生受益。

为认真总结教学法的实践经验，切实提高教师自身素质和教学质量，帮助教师自我诊断、自我调节，积累教学经验，提高科研能力；帮助教师分析整理教研中所积累的材料，将感性认识上升到理性认识，再来指导教学实践，避免教学的盲目性，促进课堂教学改革，我们把兰州实验区教学法推广过程中部分教师的相关研究成果整理成集，奉献给亲爱的读者。

集中所录论文是各实验校一线教师在繁重教学工作之余对教学法的思索与探寻，它们忠实地记录了老师们的收获与感悟，"自学"中的喜与忧，"议论"时的苦与乐，"引导"中的得与失，合作探究时的思与析。您从中可读到老师们的执着与坚韧、深入与充实、细密与深邃。在您殷切的期待和鞭策下，我们将不负厚望，立足课堂大胆探索，趁课改春风勇于创新，助力教学法在兰州的落地生根，开枝散叶，茁壮成长。白居易在《琵琶行》一诗中形容琵琶女的弹奏如"大珠小珠落玉盘"，我们愿把自己看作那一颗颗的"小珠"，自信地发出属于自己的声音。或许，这些积极跳动的音符会汇成气势恢宏的交响曲；这种勇于探索的热情将汇聚成新时代课改的滚滚洪流！

邵　正

2022年4月8日